为中华崛起传播智慧

To disseminate intelligence for the rise of China

国家出版基金项目

中国战略性新兴产业研究与发展

R&D of China's Strategic New Industries

变频调速设备

Inverter

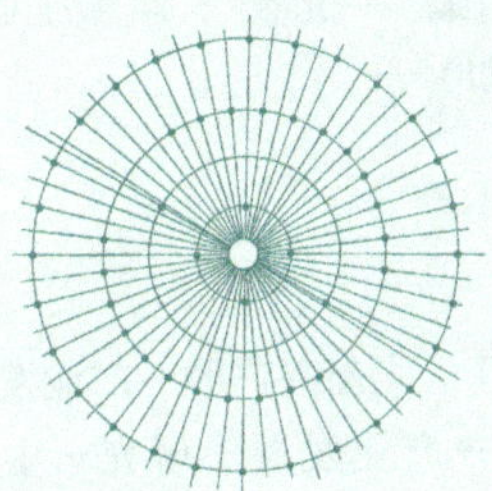

中国电器工业协会变频器分会 组编

机械工业出版社
China Machine Press

本书从变频调速设备的整体概貌和产业发展现状入手，对产业应用现状进行了全面、系统的分析，研究了国内外不同品牌产品的情况，立足国内，关注政策及市场走向，总结未来的发展需求，提出产业应用与细分领域各自目标，从应用领域、技术发展、发展目标等方面形成整体发展路线，进而提出实现整体目标的措施与方案，对于行业的发展具有一定的指导意义。本书有助于行业人士、投资人士了解整体行业概况、把握行业走势，为企业决策提供案头资料。

图书在版编目（CIP）数据

中国战略性新兴产业研究与发展．变频调速设备／中国电器工业协会变频器分会组编．—北京：机械工业出版社，2021.12（2023.6 重印）
国家出版基金项目
ISBN 978-7-111-69734-3

Ⅰ．①中… Ⅱ．①中… Ⅲ．①新兴产业－产业发展－研究－中国②变频调速－设备－产业发展－研究－中国 Ⅳ．①F269.24②TM921.51

中国版本图书馆 CIP 数据核字（2021）第 245106 号

机械工业出版社（北京市百万庄大街 22 号　邮政编码 100037）
策划编辑：董　蕾　　责任编辑：董　蕾　张　丽
责任校对：李　伟　　责任印制：常天培
北京机工印刷厂有限公司印刷
2023 年 6 月第 1 版第 2 次印刷
170mm×242mm・10 印张・1 插页・174 千字
标准书号：ISBN 978-7-111-69734-3
定价：108.00 元

电话服务
服务咨询电话：(010)88361066
读者购书热线：(010)88379838
　　　　　　　(010)68326294

网络服务
年 鉴 网：http://www.cmiy.com
机工官网：http://www.cmpbook.com
机工官博：http://weibo.com/cmp1952

中国战略性新兴产业研究与发展

编委会

《中国战略性新兴产业研究与发展·变频调速设备》

编撰人员

编　写　人（按姓氏笔画排序）

王洪庆　尹彭飞　安　洋　张登山

金辛海　段苏振　董天舒

中国战略性新兴产业研究与发展

编委会办公室

主　　任　石　勇（兼）

副 主 任　刘成忠　田付新

成　　员　赵　敏　刘世博　曹　军　任智惠　张珂玲

序言

全球金融危机和经济衰退发生以来，美欧日俄等为应对危机、复苏经济、抢占未来发展的先机和制高点，都在重新审视发展战略，不断加快推进“再工业化”，培育发展以新能源、节能环保低碳、生物医药、新材料与高端制造、新一代信息网络、智能电网、海洋空天等技术为支撑的战略性新兴产业，在全球范围内构建以战略性新兴产业为主导的新产业体系。力图通过新一轮技术革命的引领，重新回归实体经济，创造新的经济增长点。这已成为很多国家摆脱危机、实现增长、提升综合国力的根本出路。可以预计，未来的二三十年将是世界大创新、大变革、大调整的历史时期，人类将进入一个以绿色、智能、可持续发展为特征的知识文明时代。那些更多掌握绿色、智能技术，主导战略性新兴产业发展方向的国家和民族将在未来全球竞争合作中占据主导地位，赢得全球竞争合作，共享持续繁荣进程中的主动权和优势地位。

为应对金融危机和全球性经济衰退以及日趋强化的能源、资源和生态环境约束，以实现中国经济社会的科学发展、和谐发展、持续发展，党中央、国务院提出加快调整产业结构、转变经济发展方式，加快培育和促进战略性新兴产业发展的方针，出台了《国务院关于加快培育和发展战略性新兴产业的决定》以及相关政策举措。可以肯定，未来 5 ～ 10 年将是我国结构调整与改革创新发展的一个新的战略机遇期，将通过继续深化改革，扩大开放，提升自主创新能力，建设创新型国家，实现我国科技、产业、经济由大变强的历史性跨越，我国经济社会发展将走出一条依靠创新驱动，绿色智能，科学发展、和谐发展、持续发展之路，实现中华民族的伟大复兴。

展望未来，高端装备制造、新能源汽车、节能环保、新一代信息技术、生物医药、新能源、新材料、绿色运载工具、海洋空天、公共安全等全球战略性新兴产业将形成十几万亿美元规模的宏大产业，成为发展速度最快，采用高新技术最为密集，最具持续增长潜力的产业群落。战略性新兴产业的发展需求也将拉动技术的创新突破和产业的结构调整，为包括我国在内的全球经济发展注入新的强大动力。

在世界各国高度重视培育和发展战略性新兴产业的新形势下，编写一套“中国战略性新兴产业研究与发展”图书，借鉴国外相关产业发展的成功经验，对行业发展思路、发展目标、发展战略、发展重点、投资方向、政策建议等方面进行全面、系统研究，凝聚对战略性新兴产业内涵和发展重点的认识，为国家战略性新兴产业发展规划的顺利实施，以及政府和有关部门制定促进战略性新兴产业发展的相关政策和法规提供参考，具有十分重要的现实意义。

“中国战略性新兴产业研究与发展”系列图书对相应产业的阐述、分析均注重强调战略性新兴产业的六个主要特点：

一是**绿色**。战略性新兴产业属于能耗低、排放少、零部件可再生循环的“环保型”“绿色型”产业，无论从产品的设计、制造、使用，还是回收、再利用等整个生命周期的各个环节，对资源的利用效率与对环境的承载压力均要求达到最理想水平。

二是**智能**。新型工业化要求坚持以信息化带动工业化、以工业化促进信息化，即要实现“两化融合”。而“两化融合”决定了智能是未来产业尤其是战略性新兴产业的发展方向。所谓智能，是指制造过程的智能化、产品本身的智能化、服务方式的智能化。这些均是智能的最基本层次，它还具有其他更为丰富的内涵。例如：智能电网，通过先进的传感和测量技术、先进的设备技术、先进的控制方法以及先进的决策支持系统技术的应用，可实现电网的可靠、安全、经济、高效、环境友好和系统安全等方面的智能；智能汽车不只是安全智能，还包括节能、减排、故障预警等方面的智能。

三是**全球制造**。随着全球化趋势不断深化，战略性新兴产业的发展成果也必将是由全人类共创共享。新产品的研制开发，不再由一个企业独自完成，需要集成各方面优势资源共同解决。例如，iPhone 在中国完成装配，但它的设计、研发以及许多零部件的供应都是在美国、日本和欧洲实现的，其本身就是一个全球化的产品。因而，未来的制造必然是全球化制造、网络化制造。

四是**满足个性化需求与为更多人分享相结合**。目前中国有14亿人口，印度有13亿人口，还有巴西、印度尼西亚等新兴国家、发展中国家也都要实现现代化。在全球如此规模庞大的人群中，既存在富裕阶层、高消费阶层，他们的消费需求是个性化、多样化的；又有占比较大的中产阶层、贫困人口，他们的消费需求是基本层次的，但也不能被忽视。两种类型的消费需求必须同时被满足，这不仅是构建和谐社会的需要，而且是构建和谐世界的需要。因此，我国发展战略性新兴产业，应该既要满足中高端个性化的需求，同时又要满足我国与其他发展中国家广大普通消费者的需求。要把个性化的设计、个性化的产品生产，与规模化、工业化的传统生产结合起来，不能完全抛弃传统的规模化生产方式。

五是**可持续**。要使有限的自然资源得以有效、可持续利用，发展利用可再生资源、能源，强调发展再制造、循环经济。无论是原材料使用，还是零部件制造，从研发、设计之初就考虑到了生产中的废料、使用后的残骸的回收处置，使其能够重新得到循环利用。

六是**增值服务**。培育发展战略性新兴产业需要注意在设计制造过程中与产品售后、使用过程中提供相关增值服务。不应再局限于传统的观念，只注重制造本身，而不注重服务的价值。例如，发展电动汽车产业，必须首先解决好商业模式问题，包括充电桩建设、电池更换、废旧电池回收等服务，否则将无法广泛推广。

“中国战略性新兴产业研究与发展”系列图书内容丰富、资料翔实、观点鲜明、立意高远，并力求充分体现出“四性”，即科学性、前瞻性、指导性和基础性。

第一，体现**科学性**。所谓科学性，就是指以科学发展观为指导。科学发展观的核心是以人为本，基本要求是全面、协调、可持续，根本方法是统筹兼顾，符合客观规律。“中国战略性新兴产业研究与发展”系列图书既要能够为党中央、国务院提出的加快发展战略性新兴产业的总体战略服务，又不应受到行业、部门的局限，更不能写成规划或某些部门规划的解读材料，而应能够立足于事物客观规律、立足于全局。各分册编写组同志重视调查、研究，力求对国情、科技、产业及全球相关产业的发展态势有比较准确的把握，努力为我国战略性新兴产业的发展提供一本基于科学基础的好素材。这套图书立足我国国情，而不是简单地把发达国家的相关产业信息进行综合、编译，照搬照抄。当然，我国发展战略性新兴产业不能“闭门造车”，而是要坚持开放性，积极参与国际分工合作，充分利用全球优势资源，提高发展的起点和水平。因而，有必要参照国际成功经验与最新发展趋势，但一定要以我国国情和产业特点为根本出发点，加快培育和发展有中国特色的、竞争能力强的战略性新兴产业。

第二，体现**前瞻性**。一是能够前瞻战略性新兴产业的发展，因为这套图书是战略性新兴产业的发展指导书。二是能够前瞻战略性新兴产业技术的发展。为了做好这两个前瞻，必须要适当地前瞻全球经济、我国经济与战略性新兴产业发展的趋势。只讲发展现状是不够的，因为关于现状的资料很多，通过简单的网络搜索即可查到；也不能只罗列国外的某些规划和发展战略。“中国战略性新兴产业研究与发展”系列图书的编写注重有深度的科学分析与前瞻性的研究。

第三，体现**指导性**。“中国战略性新兴产业研究与发展”系列图书本身就是指导书，能够对产业、对技术、对国家制定政策，甚至在未来国家发展战略与规划的制定等方面发挥一定的引导作用与影响。虽然不能说这套图书可以指导国家战略与规划的制定，但是应该努力发挥其积极的引导作用。

第四，体现**基础性**。所谓基础性，就是指要能够提供战略性新兴产业的基础信息、基础知识，以及我国和有关国家在相关产业发展方面的基本战略，主要的法规、政策和举措，并尽可能提供一些基本的技术路线图。比如，在轴承分册，就描述了一个轴承产业发展的路线图。唯有如此，“中国战略性新兴产业研究与发展”系列图书才能满足原来立项的宗旨——不仅要为工程技术界、大学教师、大学生与研究生提供学习参考书，为产业界的技术人员、管理人员提供决策参照，而且要为政府部门的政策法规制定者提供参考。

机械工业出版社是具有60多年历史的专业性综合型出版机构，改革开放后，随着市场经济的发展，机械工业出版社不断改革转型，不但形成了完善的编辑出版工作流程和质量保证体系，而且编辑人员作风严谨，工作创新。

“中国战略性新兴产业研究与发展”系列图书不仅是一套科技普及书，更是一套产业发展参考书，必须既要介绍国内外战略性新兴产业的发展情况，又要阐述相关政策、法规、扶植措施等内容。因此，这套图书的组编单位、编写负责人和编写工作人员必须要有相关积累和优势。“中国战略性新兴产业研究与发展”系列图书所选的分册主编和作者主要是精力充沛的业内中青年专家，并由资深专家负责相应的编审、校审工作。现在看来大多数工作由中青年同志担当，是完全符合实际的。此外，这套图书的编著还充分发挥了有关科研院所、行业学会和协会的作用，他们的优势在于对行业比较熟悉，并掌握了较为丰富的资料。

最后，特别感谢国家出版基金对“中国战略性新兴产业研究与发展”系列图书的大力支持！感谢全体编写出版人员的辛勤劳动！

期望“中国战略性新兴产业研究与发展”为社会各界了解战略性新兴产业提供帮助，期待中国战略性新兴产业培育和发展尽快取得重大突破，祝愿我国在不久的将来实现由经济大国向经济强国的历史性跨越！

是为序。

前言

变频调速设备应用范围涉及冶金、矿山、电力、交通、国防、石油、煤炭、化工、轻工等领域，以其显著的节电效果、优良的调速性能以及广泛的适用性而成为调速电气传动发展的主流方向。

当前，变频调速设备行业正处在实施第十四个五年规划的重要战略机遇期，面临的形势多变。能源利用方式正在发生重大变化，以高效、清洁、低碳、多元化为主要特征的能源变革进程加速推进。“力争二氧化碳排放于2030年前达到峰值，努力争取2060年前实现碳中和”的提出，对行业的发展提出了新的要求，同时也指明了发展方向。

机遇与挑战并存。行业应该如何面对挑战，如何做到持续高效发展；当今世界正经历百年未有之大变局，能为“双碳”目标的实现做些什么？

我国变频调速设备产业发展应注重夯实产业技术基础，探索新的技术研发模式，鼓励科研院所与企业发挥各自优势；着力推动产业化进程；提高产品的技术含量，增强产品的功能和性能，推进产品的数字化、网络化和智能化发展，做好兼容性，更好地与系统配套，提高产品的附加值。

我国大部分用户早期应用的变频调速设备来自国外，对变频调速设备的认识也是从国外产品开始的，我国变频调速设备产业的市场竞争激烈与生俱来。变频调速设备产业的发展壮大离不开艰苦奋斗的精神，离不开稳健发展的思路，离不开以“将装备制造业做强做优做大”为己任的社会责任感和使命感，更离不开持之以恒的创新。只有持续创新，行业才能持续发展。

市场是推动产业发展的巨大力量。坚持以市场为导向，把握国内需求特点，以企业为核心，以共性技术平台为支撑，推进产需对接，加快自主品牌产品在国内市场的推广应用，抢占发展制高点。坚持市场竞争和政策引导相结合，营造良好的市场环境，充分发挥市场在资源配置中的决定性作用。

得益于国家推进制造业高质量发展、“双碳”目标的制定以及行业自律性规章的不断完善，国产变频器企业必将迎来更加快速、健康的发展。在智能制造及绿色环保的大背景下，工业机器人、新能源汽车等行业受到关注，这对变频调速设备行业来说也是新的机遇。行业企业应共同探索新思路，紧抓机遇，努力做好推进转型升级、促进结构调整、开展自主创新等方面的各项工作。在未来的发展中，各企业应以更加严格的要求规范经营，建立更加科学合理的法人治理结构，有效提高运作管理水平，实现企业自身的社会价值。

变频调速设备与变频器从本质上来说是同一种产品的不同叫法，为了与行业内的通用叫法相统一，故在本书的编写过程中，将各章节中的变频调速设备名称统一为变频器。

编写说明

《国务院关于加快培育和发展战略性新兴产业的决定》确定了我国未来经济社会发展的战略重点和方向是战略性新兴产业，并且根据我国国情和科技、产业基础，又进一步明确为现阶段重点发展节能环保、新一代信息技术、生物、高端装备制造、新能源、新材料、新能源汽车、数字创意和相关服务业九大新兴产业。可见，九大战略性新兴产业将是国家重点支持、大力推广的产业。

为了使大家全面理解、准确把握、深刻领会国家这一战略决定的精神实质，了解其发展内涵，推动产业结构升级和经济发展方式转变，增强国际竞争优势，抢占新一轮经济和科技制高点，机械工业出版社在国家出版基金的支持下，组织各领域权威专家编写了一套“中国战略性新兴产业研究与发展”（以下简称“研究与发展”）图书。

“研究与发展”以国家相关发展政策和规划为基础，借鉴国外相关产业发展的成功经验，对产业发展思路、发展目标、发展战略、发展重点、投资方向、政策建议等方面进行了全面、系统的研究；对前瞻性、基础性和目前产业上有瓶颈限制的问题提出了有针对性的对策。

“研究与发展”采用分期分批的出版方式陆续出版发行，第一期 12 个分册、第二期 13 个分册分别于 2013 年 6 月和 2018 年 2 月完成出版，第一期的分册包括太阳能、风能、生物质能、智能电网、新能源汽车、轨道交通、工程机械、水电设备、农业机械、数控机床、轴承和齿轮，第二期的分册包括功能材料、物流仓储装备、紧固件、模具、内燃机、塑料机械、塑木复合材料、物联网、制冷空调、智能制造装备、非常规油气、中压开关和数据中心。本次出版的第三期 29 个分册图书包括：智慧工业、生物基材料、数据与企业治理、智慧经济、智能注塑机、数据赋能、高端轴承、冷链物流、智能汽车、通用航空、远程设备智能维护、智能供应链、智能化立体车库、气体分离设备、焊接材料与装备、高端液气密元件、高端链传动系统、风电齿轮箱、海洋油气装备、燃气轮机、变频调速设备、电子信息功能材料、智能制造、数控系统、工业机器人、核电、智慧交通、增材制造以及内燃机再制造产业发展与技术路线。今后根据国家产业政策要求及各行业的发展情况还将陆续推出其他分册。

为了出版好“研究与发展”，机械工业出版社成立了“中国战略性新兴产业研究与发展”编委会，全国人大常委会原副委员长路甬祥担任编委会主任。路甬祥副委员长对该套图书的编写高度重视，亲自参加编委研讨会，多次提出重要指导意见。他从图书的定位、内容选材、作者队伍建设和运作流程等方面都给予了全面和具体的指导，并提出了“六个特点”和“四性”的具体要求。

机械工业出版社还建立了完善的项目管理、编写组织、出版规范和网络支撑四个方面的工作体系来保证图书质量，投入了大量的精力组织行业权威专家规划内容结构、研讨内容特色。参与图书编写的主创人员自觉自愿地把自己的聪明才智和研究成果奉献给社会，奉献给国家。他们都担负着繁重的科研、教学、行业管理或生产任务，为了使此书能够早日与大家见面，他们不辞辛苦、加班加点，因为他们都有一个共同心愿——帮助企业快速成长，使中国由大变强。

在此，衷心地感谢为此项工作付出大量心血的组编单位、各位专家、各位撰稿人及编辑出版工作人员！

尽管我们做了大量工作，付出了巨大努力，但仍难免有疏漏或不足之处，敬请读者批评指正！

中国战略性新兴产业研究与发展　编辑部

2021 年 6 月

目录 CONTENTS

第1章 产业概述

1.1 产业背景概述

1.1.1 定义

变频器是利用电力半导体器件的通断作用将工频变换为另一频率的电能控制装置，由主回路和控制回路两大部分组成。主回路由整流器（整流模块）、滤波器（滤波电路）和逆变器（大功率晶体模块）三个主要部分组成，控制回路则由单片机、驱动电路和光电隔离电路组成。变频器原理示意图如图 1-1 所示。

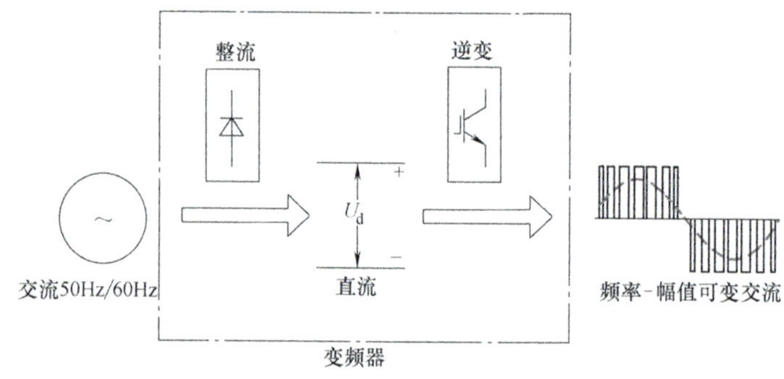

图 1-1 变频器原理示意图

1.1.2 分类

按电压等级划分，变频器可分为中低压变频器和高压变频器。中低压变频器主要用于工艺调节、改善效率和节能等，常应用于电梯、起重机械、纺织机械、电力、冶金等领域。高压变频器主要是指实际输入电源电压高于 3 000V 的大功率变频器，又可分为高低高、低高和高高三大类型。高压变频器拥有诸多优势，如节能效果显著、延长设备使用寿命、提高企业自动化运转水平、减少高压变频器对电网的起动冲击以及减少电源的功率储备等。借助高压变频器起动设备，在设备实际起动和运转过程中对电动机的冲击值较小，能够降低电动机的绝缘损坏率。同时，电动机在起动过程中，运行压力值与风量值更平稳，减少了低负荷状态时对电动机的磨损，延长了设备的实际使用时间，降低了企业设备的基本维护成本。高压变频器主要用于风机、水泵、提升机、皮带机、空压机等的软起动、调整控制和节能，在电力、冶金、水泥、石油石化行业需求较大。

按主电路的结构形式，变频器可分为交－交变频器、交－直－交变频器。交－交变频器可直接把电网频率交流电变换成可调频率的交流电，中间不经过直流环节，又称为周波变流器。常用的交－交变频器输出的每一相都是一个由两组晶闸管整流装置反并联组成的可逆电路，不能高速运行，最大输出频率为电源频率的 $1/n$，最大转速＜ 500r/min，电网侧谐波大。但是交－交变频器堵转转矩和保持转矩大，动态过载能力强，可四象限运行，电动机功率因数可接近于 1，低速性能极佳，弱磁工作范围广，转矩质量高。由于交－交变频器没有中间环节，无须换流，提高了变频效率，并能实现四象限运行，因而适用于轧钢机、船舶主传动、矿石粉碎机、回转窑等低速转动设备。

交－直－交变频器则是先把交流电经整流器整流成直流电，再经过逆变器将直流电变成频率和电压都可变的交流电。整流回路、直流回路、逆变电路是交－直－交变频器的三个基本组成部分。其中直流环节采用大电感以平抑电流脉动的变频器称为电流源变频器；直流环节采用大电容以抑制电压波动的变频器则称为电压源变频器。交－直－交变频器的主要优点是频率高、速度高、功率因数高、电网侧谐波较低、无须无功补偿，适用于大功率中、高速的风机、水泵及过载能力较小的轧机驱动，如高速冷轧机、无缝钢管轧机。

变频器技术发展的一个巨大推动力是市场。一般情况下，在占工业用电 50% ～ 60% 的风机、泵和压缩机等通用机械上使用变频器，可以节电 30% 左右。这一类通用机械的驱动电动机一般是工频电机，具有各种可供选择功能的通用变频器（输出频率 0 ～ 400Hz）正适合这类机械。因此，通用变频器应用非常广泛，市场潜力很大，已形成规模生产，成本较低，价格便宜。相对于通用变频器而言，专为某些有特殊要求的负载机械而设计制造的是专用变频器。专用变频器在国民经济各行业中也是必不可少的，但由于通用性不强，市场需求相对较小，因此成本较高。

1.1.3　产业应用背景

相对于工业化国家来说，我国变频器行业起步比较晚，到 20 世纪 90 年代初国内企业才开始认识变频器的作用并尝试使用，国外的变频器产品由此正式涌进中国市场。我国变频器的发展大致有以下几个阶段：

（1）变频器研制阶段　这个阶段跨越 20 世纪 70 年代末到 20 世纪 80 年代中期，变频器产品主要由机械工业部天津电气传动设计研究所（现天津电气科学研究院有限公司）和机械工业部西安电力电子技术研究所负责研制。机械工业部天津电气传动设计研究所研制电压源变频器，机械工业部西安电力电子技术研究所研制电流源变频器，产品的可靠性需要逐步改善。20 世纪 80 年代初，大连电机厂引进日本东芝技术装备生产出变频器产品，对变频器发展产生了一定的影响。

（2）通用变频器国外进口阶段　20 世纪 80 年代中期到 90 年代末，十多年时间主要是引进国外变频器。日本企业进入我国较早，对我国变频器市场较为熟悉，有针对性地推出了适合我国国情的产品，并将变频器定位于节能器，以小功率、专业化为特色，在节能领域和 OEM 配套方面表现较为突出。我国中、低压变频器市场曾出现日本品牌“一统天下”的局面，但随后日本品牌的市场份额逐步减少，被欧美和内资品牌替代。尤其是 ABB 和西门子两大外资品牌，市场份额远超其他品牌，具有大部分外资品牌难以企及的综合实力。

随着三菱、安川、东芝、松下、明电舍、ABB、AB、西门子、丹佛斯、伦茨等品牌产品相继进入中国，通用变频器的应用更加广泛。这期间西门子、ABB、AB、罗宾康的高压变频器有了一定的应用。南京南自、成都佳灵、山东惠丰等都研制出国产变频器。天津电气传动设计研究所和冶金工业部自动化研究所研制出交 - 交变频装置。

（3）通用变频器和高压变频器大发展阶段　20 世纪 90 年代末至今是通用变频器和高压变频器大发展阶段。在这个阶段，国外名牌产品全部进入我国并有部分品牌企业在我国建厂，通用变频器国内生产企业有 170 多家，高压变频器国内企业有 20 多家，无论通用变频器还是高压变频器技术都有相当大的提高，技术更趋成熟，变频器的使用领域更加广阔。

绝大部分国外企业在我国设厂主要是为了满足国内用户越来越多样化和个性化的需求。受限于绝缘栅双极型晶体管（IGBT）等主要电力电子元器件需要进口，以及工厂产能问题，少有国外厂家将我国作为其全球变频器市场的制造基地，只有 ABB 等少数厂商的某些产品型号有少量出口。变频器核心部件的本土化生产，以及变频器厂商的产能扩充，是推动我国成为变频器生产制造基地和国产变频器走向世界的重要因素。

当前，我国变频器行业的产业规模日趋壮大，从 6kV、10kV 的高压变频器，到 380V、660V 的通用变频器，甚至 220V 的小功率变频器，拥有了全电压系列、全功率规格的产品。变频器大量用于电力、冶金、水泥、石化和建材等众多领域，应用已经相当普及。数据显示，2019 年我国变频器市场规模接近 500 亿元，同比增长4.7%。其中中低压变频器市场规模约为362亿元，高压变频器市场规模约为133亿元。这场电机驱动技术的革命，对改进产品生产工艺、节约电能等发挥了建设性的作用。

1.2 技术起源

变频技术是应交流电机无级调速的需要而诞生的。20世纪60年代后半期开始，电力电子器件从晶闸管、门极关断（GTO）晶闸管、双极型功率晶体管（BJT）、金属氧化物场效应晶体管（MOSFET）、静电感应晶体管（SIT）、静电感应晶闸管（SITH）、MOS栅控晶体管（MGT）、MOS门控晶闸管（MCT）发展到今天的IGBT、高压绝缘栅双极型晶体管（HVIGBT），器件的更新促使电力变换技术不断发展。20世纪70年代开始，脉宽调制变压变频调速（PWM-VVVF）研究引起了人们的高度重视。20世纪80年代，作为变频核心技术的PWM模式优化问题吸引着人们的注意力，并衍生出诸多优化模式，其中以鞍形波PWM模式效果最佳。20世纪80年代后半期开始，美、日、德、英等发达国家的VVVF变频器已投入市场并广泛应用。

交流变频器于20世纪60年代问世，最初出于满足交流电机调速的需求，通过功率器件调节输出电压和频率，实现电机调速和节能的目的。到20世纪80年代交流变频器在主要工业化国家已广泛使用，而从20世纪90年代以来，随着人们节能环保意识的增强，交流变频器的应用越来越普及。当今交流变频器产业得到飞速发展，除调速和节能之外，交流变频器还具有过电流保护、过电压保护、过载保护的作用，是工控行业驱动层的主要产品之一。

1.2.1 低压通用变频器控制方式发展

低压通用变频器输出电压分为380V级和660V级，输出功率为0.75～400kW，工作频率为0～400Hz，主电路都采用交-直-交形式。其控制方式经历四代发展。

第一代：正弦脉宽调制（Sinusoidal Pulse Width Modulation，SPWM）。控制电路结构简单、成本较低，机械特性硬度也较好，能够满足一般传动的平滑调速要求，已在产业的各个领域得到广泛应用。

第二代：电压空间矢量（磁通轨迹法），又称正弦矢量脉宽调制（Sinusoidal Vector Pulse Width Modulation，SVPWM），以三相波形整体生成效果为前提，以逼近电机气隙的理想圆形旋转磁场轨迹为目的，一次生成三相调制波形。SVPWM是以内切多边形逼近圆的方式而进行控制的，经实际使用后又有所改进：引入频率补偿，消除速度控制的误差；通过反馈估算磁链幅值，消除低速时定子电阻的影响；输出电压、电流形成闭环，以提高动态的精度和稳定度。但 SVPWM 的控制电路环节较多，且没有对转矩进行调节，所以系统性能没有得到根本改善。

第三代：矢量控制（Vector Control，VC）（磁场定向法）。矢量控制的实质是将交流电动机等效为直流电动机，分别对转矩和磁场两个分量进行独立控制。通过控制转子磁链，以转子磁通定向，然后分解定子电流而获得转矩和磁场两个分量，经坐标变换，实现正交或解耦控制。然而转子磁链难以准确观测，以及矢量变换的复杂性，造成实际效果不理想。矢量控制方法的提出具有划时代的意义。

第四代：直接转矩控制（Direct Torque Control，DTC）。直接转矩控制与矢量控制不同，它不是通过控制电流、磁链等来间接控制转矩，而是把转矩直接作为被控量来控制。其控制的是定子磁链，本质上不需要转速信息；控制上对除定子电阻外的所有电机参数变化鲁棒性良好；所引入的定子磁链观测器能很容易估算出同步速度信息，因而能方便地实现无速度传感器控制。这种控制依赖精确的电机数学模型和对电机参数的自动识别（Identification，ID），通过 ID 运行自动确立电机实际的定子阻抗互感、饱和因素、电机惯量等重要参数，然后根据精确的电机模型估算出实际转矩、定子磁链和转子速度，并由磁链和转矩的 Bang-Bang 控制产生 PWM 信号对逆变器的开关状态进行控制，实现很快的转矩响应速度和很高的速度、转矩控制精度。

1.2.2　电力电子功率器件发展

电力电子技术是高新技术产业发展的基础技术之一，是传统产业改造的重要手段。1973 年 W.E.Newell 提出电力电子技术是电力、电子、控制多学科交叉技术，其中电子包括器件和电路，电力包括静止和旋转功率设备，控制包括连续和采样控制，为现代电力电子学奠定了基础。

自 1955 年用硅代替锗制成了电力用二极管，到 1957 年第一个普通晶闸管诞生以来，电力电子器件已形成一个大家族，20 世纪 60 年代，随着晶闸管功率的不断增大，变频调速具有了现实可能性。而使变频器达到普及应用的阶段则是在 20 世纪 70 年代，电力晶体管（Giant Transistor，GTR）问世之后。到 20 世纪 90 年代，场效应晶体管、IGBT 的出现和技术的不断提高，又使变频器在各个方面前进了一步。可见，变频器的产生、成长和发展是和电力电子器件的进步密不可分的。电力电子器件的发展主要经历了四代产品。

第一代产品：主要标志是器件本身没有关断能力，品质因数主要标准是大容量，即电流 × 电压，如普通晶闸管（4 000V/3 000A）、光控晶闸管（8 000V/3 000A）、快速晶闸管（1 200V/1 500A）、逆导晶闸管（2 500V/1 000A）、双向晶闸管（1 200V/300A）。

第二代产品：主要标志是器件本身有关断能力，品质因数的标准是功率 × 频率，如 BJT、GTO 晶闸管、电力场效应晶体管（Power Metal-Oxide-Semiconductor Field Effect Transistor，Power MOSFET）、SIT、SITH。其中，SIT 实际上是一种结型电力场效应晶体管，电压、电流比 MOSFET 大，适用于高频大功率的场合；SITH 特性和 GTO 晶闸管类似，但是开关速度比 GTO 晶闸管高得多，是大容量的快速器件。

第三代产品：主要标志是一些性能优异的复合型器件和功率集成电路，品质因数的主要标准是容量、开关速度、驱动功率、通态电压降、芯片利用率等。代表性产品——IGBT 是双极型电力晶体管和 MOSFET 的复合，驱动功率小而饱和电压降低。

第四代产品：主要标志是集合复合型器件、集成电路及智能型器件功能的性能优异的功率器件，如集成门极换流晶闸管（Insulated Gate Controlled Transistor，IGCT），电子注入增强栅晶闸管（Injection Enhanced Gate Transistor，IEGT）、对称门极换流晶闸管（Symmetrical Gate Commutated Thyristor，SGCT）器件，是高压、大容量、全控型功率器件。第四代电力电子器件模块化更为成熟，诞生了智能功率模块（IPM）等产品。

1.3 产业特征与价值

在当今工业社会，环保和节能越来越重要，变频器在工业节能中发挥着越来越大和不可忽视的作用。交流调速在国内外发展十分迅速，打破了过去直流拖动在调速领域中的统治地位，进入了与直流拖动相竞争的时代，并有取代的趋势，这是现代电力拖动发展的主要特征。大功率高速开关器件串联这一世界难题的解决，实现了用低压器件对高压电能变换的控制，使人类从此可以对几千伏、几万伏、几十万伏的高压电能运用电力电子技术进行任意控制，如变频、直流输电、城市电网稳压、无功补偿、有源滤波、大功率驱动、蓄能电站控制等必将被提高到一个崭新的水平，使电子技术的二次革命得以最后完成。而直接速度控制理论

（DSC）的诞生，标志着中国在电机控制技术方面处于领先地位。

1.3.1 产业特征

变频调速是最有发展前途的一种交流调速方式，以其显著的节电效果、优良的调速性能以及广泛的适用性成为电气传动发展的主流方向。变频调速控制系统广泛应用于机械、冶金、矿山、化工、石油、纺织、造纸、印染、水泥、船舶、铁路等行业。

国内变频器行业经过近十年的发展，在把握客户动向、追求产品高性价比方面具有一定的竞争优势，形成了稳定的变频器生产企业和相关配套企业格局。最开始，是在风机、水泵上应用中压变频产品进行节能控制，这时的产品以多电平技术为主；后来进入传统通用型低压变频器时代，这个时代市场的产品主要是日系产品；再后来，进入了冶金、石化等工程型变频器时代，这个时代的市场被西门子、ABB 等国外公司的产品占据。在此期间，我国已逐渐解决了高端变频器技术难题和产品可靠性问题；而外资品牌作为行业的先行者，在应用场景、技术和市场方面积累了更多的经验，产品技术领先性、稳定性和使用寿命具有相对优势，产品的丰富性和全面性也使其具备了提供整体解决方案的能力。

行业对变频器的要求不同，以至于整机厂商对器件商的要求也不同。一般通用型变频器，由于工况相差不大，整机厂商对成本的要求突出，较为看重器件商的产品价格，因此通用型变频器核心器件的供应厂商在价格上的竞争非常激烈。而石油、电力等特殊领域用户则非常看重变频器的质量和可靠性，因此整机厂商注重器件商的产品质量、可靠性和市场应用，这对器件商的技术能力、规模、市场应用经验等方面要求比较高。

当前，我国变频器行业仍需发力攻克以下项目与技术：

（1）主要的研究开发项目　数字控制的大功率交 - 交变频器供电的传动设备；大功率负载换流电流型逆变器供电的传动设备在抽水蓄能电站、大型风机和泵上的推广应用；电压型 GTO 逆变器在铁路机车上的推广应用；电压型 IGBT、IGCT 逆变器供电的传动设备扩大功能、改善性能，如四象限运行，带有电机参数自测量与自设定和电机参数变化的自动补偿，无传感器的矢量控制、直接转矩控制等；风机和泵用高压电动机的节能调速研究，研究经济合理的高压电动机调速方法是当今重大课题。

（2）主要的关键技术　高压、大电流技术：动态、静态均压技术 [6kV、10kV 回路中 3in（1in=2.54cm）晶闸管串联，静动态均压系数大于 0.9]；均流技术（大功率晶闸管并联的均流技术，均流系数大于0.85）；浪涌吸收技术（10kV、6kV 回路中）；光控及电磁触发技术（电/光、光/电变换技术）；导热与散热技术（主要是导热及散热性好、电流出力大的技术，如热管散热技术）；高压、大电流系统保护技术（抗大电流电磁力结构、绝缘设计）；等效负载模拟技术。

新型电力电子器件的应用技术：可关断驱动技术、双 PWM 逆变技术、循环变流/电流型交－直－交（CC/CSI0）变流技术（12 脉波变频技术）、同步机交流励磁变速运行技术、软开关 PWM 变流技术。

全数字自动化控制技术：参数自设定技术、过程自优化技术、故障自诊断技术、对象自辨识技术。

现代控制技术：多变量解耦控制技术、矢量控制和直接转矩控制技术、自适应技术。

1.3.2 主要发展方向

（1）实现高水平的控制　高水平的控制是指基于电机和机械模型的控制策略，有矢量控制、磁场控制、直接转矩控制和机械扭振补偿等；基于现代理论的控制策略，有滑模变结构技术、模型参考自适应技术、采用微分几何理论的非线性解耦、鲁棒观察器，在某种指标意义下的最优控制技术和逆奈奎斯特阵列设计方法等；基于智能控制思想的控制策略，有模糊控制、神经元网络、专家系统和各种各样的自优化、自诊断技术等。

（2）开发清洁电能的变流器　清洁电能的变流器是指变流器的功率因数为1，电网侧和负载侧有尽可能低的谐波分量，以减少对电网的损害和电动机的转矩脉动。对中小容量变流器，提高开关频率的 PWM 控制是有效的。对大容量变流器，在常规的开关频率下，可改变电路结构和控制方式，实现向清洁电能的变换。

（3）缩小装置的尺寸　紧凑型变流器要求功率和控制元件具有高的集成度，其中包括智能化的功率模块、紧凑型的光耦合器、高频率的开关电源，以及采用新型电工材料制造的小体积变压器、电抗器和电容器。功率器件冷却方式的改变（如水冷、蒸发冷却和热管）对缩小装置的尺寸也很有效。

（4）高速度的数字控制　以 32 位高速微处理器为基础的数字控制模板有足够的能力实现各种控制算法，Windows 操作系统的引入使得控制算法可自由设计，图形编程的控制技术也有很大的发展。

1.4 产业机遇与出路

变频器行业集现代制造技术、新型材料技术和信息控制技术于一体，是智能制造的代表性产品。《中国制造 2025》站在历史的新高度，提出持续提升电机、锅炉、内燃机及电器等终端用能产品的能效水平，加快淘汰落后机电产品和技术。积极引领新兴产业高起点绿色发展，大幅降低电子信息产品生产、使用能耗及限用物质含量，建设绿色数据中心和绿色基站，大力促进新材料、新能源、高端装备、生物产业绿色低碳发展。变频器行业积极应对新一轮科技革命和产业变革的挑战。

我国变频器产业发展任重道远。整体来看，目前我国大部分变频器企业集中在集成领域，加工组装企业占多数，在核心及关键技术的原创性研究、高可靠性基础功能部件、系统工艺应用解决方案以及主机批量生产等方面，距发达国家还有相当大的差距。在关键部件方面，芯片、伺服电动机及驱动器等关键部件大量依赖进口。虽然多年来国家对这方面也进行了较大的投入支持，但由于原来市场规模小和产业化程度不高，不足以带动核心部件的发展，效果不理想。

由此可见，我国变频器技术实力不足制约了产业化规模，而规模较小也反过来制约了技术发展，这些都影响了产业化进程。提高国产变频器的市场竞争力，还要推动国产变频器关键零部件的国产化，提高关键零部件生产能力，满足国产变频器产能扩张的需要。

目前，我国变频器产业应当思考以什么样的眼光、思维来培育和有序发展这个产业。我国发展变频器产业应首先注重夯实产业技术基础，着力推进变频器行业的产业化进程，加快自主品牌变频器在国内市场的推广应用。探索新的技术研发模式，鼓励科研院所与企业发挥各自优势。针对变频器产业的市场需求、技术创新模式、资金支持方式等方面，各地政府的扶持政策还需细化。

对应用于不同领域的变频器实施不同的发展战略：一方面以企业为核心，以共性技术平台为支撑，推进产需对接，抢占发展制高点；另一方面，以市场为导向，把握国内需求特点。

1）加强共性关键技术研究。针对智能制造和工业转型升级对变频器的需求和智慧生活、现代服务和特殊作业对变频器的需求，重点突破制约我国变频器发展的共性关键技术，积极跟踪变频器未来发展趋势。

2）建立健全变频器创新平台。充分利用和整合现有科技资源和研发力量，组建面向全行业的变频器创新中心，打造“政产学研用”紧密结合的协同创新载体。重点聚焦前沿技术、共性关键技术研究。

3）加强变频器标准体系建设。开展标准体系的顶层设计，构建和完善变频器产业标准体系，加快研究制定产业急需的各项技术标准，支持变频器评价标准的研究和验证，积极参与国际标准的制（修）订。

4）建立变频器检测认证体系。建立并完善以国家变频器检测与评定中心为代表的变频器检验与认证机构，推动建立变频器第三方评价和认证体系，开展变频器整机及关键功能部件的检测与认证工作。

产业发展现状

2.1 器件现状

变频器中主要应用的现代电力电子器件有晶闸管、GTO 晶闸管、IGCT、GTR、MOSFET、IGBT、IEGT、SiC 及 GaN 器件等。

2.1.1 基于硅材料的半导体器件

晶闸管于 1956 年问世，标志着电力电子器件的开端。目前在大功率 LCI 变频器、循环变流器上还有广泛应用，如 ABB 公司的负载换流变频器 MEGA-DRIVE-LCI（最大功率可达 72MW）、西门子的负载换流变频器 SINAMICS GL150（最大容量可达 85MV·A）以及循环变流器 SINAMICS SL150（最大容量可达 40MV·A）。

GTO 晶闸管具有高耐压、大电流、低导通电压降的优点，但属于电流型控制器件，基极和门极的输入阻抗较小，需要消除积存的载流子，所以存在开关频率仍较低的问题。GTO 晶闸管曾被应用到机车牵引领域，但随着 IGCT 的逐渐普及应用，GTO 晶闸管目前在变频器领域应用得非常少。

门极换流（Gate Commutated Turn-off，GCT）晶闸管，是在 GTO 晶闸管基础上发展起来的新器件。它保留了 GTO 晶闸管的优点，又改善了其开关性能。

IGCT 是发射极关断（ETO）晶闸管、门极换流（GCT）晶闸管和其门极控制电路集成一体化的组件，广泛应用于电压源逆变器、电流源逆变器、斩波器、静态断路器及其他拓扑电路。与 GTO 晶闸管相比，IGCT 最显著的特点是存储时间短，因此器件之间关断时间的差异很小，可方便地将 IGCT 进行串并联，适合应用于大功率装置。IGCT 是 ABB 研究的成果，是一种理想的大功率开关器件，装置成本低、体积小、效率高、可靠性高。ABB 称 IGCT 的问世是电力半导体器件的重大突破，是电力半导体器件发展的里程碑，目前商用的产品可达 4 500V/4 000A，研制水平为 6 500V/4 000A。IGCT 的这些优良特性使它刚诞生不久就在中大功率装置中得到了应用，可用于 2.3kV、3.3kV、4.16kV、6.9kV 的电压，0.5 ~ 100MV·A 的功率范围，可用于调速驱动、高动态轧钢驱动和大功率直流输电等方面。ABB 公司的中压变频器 ACS1000 系列、ACS5000 系列以及

ACS6000 系列，西门子公司中压变频器 SINAMICS GM150 的部分系列、SINAMICS SM150 系列，TMEIC 公司的中压变频器 TMDrive-80 系列、TMDrive-XL80 系列、TMDrive-XL85 系列，以及国内禾望公司的中压工程型变频器 HD8000 系列，汇川公司的中压变频器 HD3X 系列应用了 IGCT 模组的研发成果。

MOSFET 驱动功率低，开关时间短，适用于高频小功率电力电子装置，范围从几瓦到几千瓦，如计算机功率电源、家用电器（冰箱、洗衣机、感应电炉等）、不间断电源系统（UPS）和自动化系统等，但目前在变频器领域已经很少应用。

IGBT 是用 GTR 与 MOSFET 以达林顿结构组成的电力电子器件。1982 年，美国 RCA 公司和 GE 公司先后发明了 IGBT；1985 年，日本东芝开始了抗闩锁效应的 IGBT 商业化生产。在几十年的发展中，IGBT 产品已经进入第七代，如图 2-1 所示。

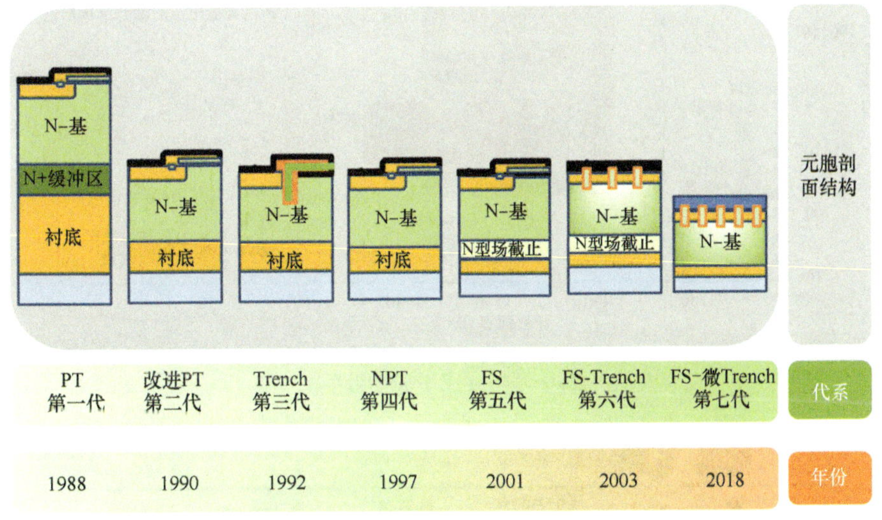

图 2-1　IGBT 产品代系

在现代的高压直流输电（HVDC）中，IGBT 已被用到几百兆瓦的功率水平。IGBT 的额定电压从 1990 年的 1 200V 增加到 2000 年的 6 500V，损耗大大下降，最大开关功率密度增长了 3 ～ 4 倍。除了上述超大功率场合继续使用传统的晶闸管和 GTO 晶闸管以外，IGBT 是变频器应用领域的主要器件，涉及绝大多数变频器生产厂家的绝大部分系列产品，主要应用范围如图 2-2 所示。国内外 IGBT 产业链分布如图 2-3、图 2-4 所示。

IEGT 兼有 IGBT 和 GTO 晶闸管两者的优点，具有低饱和电压降、宽安全工作区（吸收回路容量仅为 GTO 晶闸管的 1/10 左右）、低栅极驱动功率（比 GTO 晶闸管低 2 个数量级）和较高的工作频率。IEGT 是东芝专属的 IGBT 器件，与 IGCT 器件有着本质的不同，前者是电压型器件，后者是电流型器件。TMEIC 公司的中压变频器 TMDrive-70 系列、TMDrive-XL75 系列是采用 IEGT 器件的主要产品，国内 HVDC 领域的换流阀也采用 IEGT 产品。

基于硅材料的半导体器件状况如图 2-5 所示。

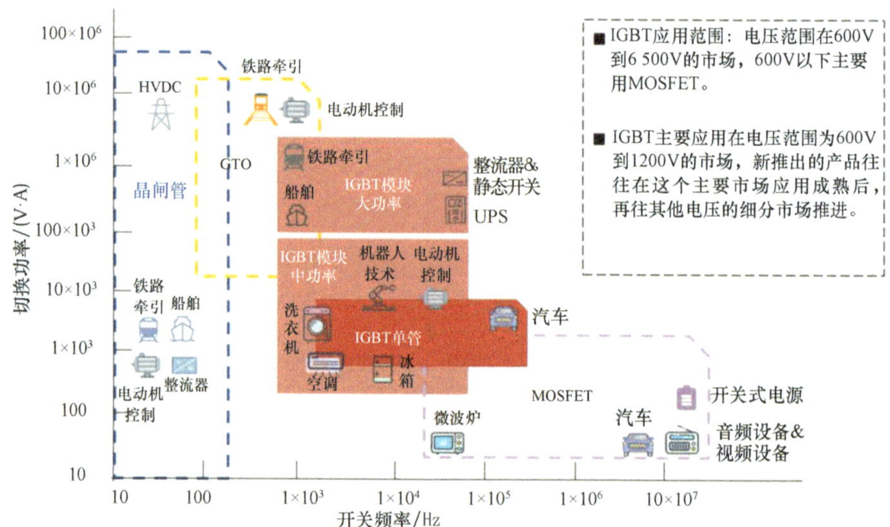

图 2-2　IGBT 应用场合

图 2-3　国外 IGBT 产业链分布

注：图片来源于慧博资讯。

图 2-4　国内 IGBT 产业链分布

注：图片来源于慧博资讯。

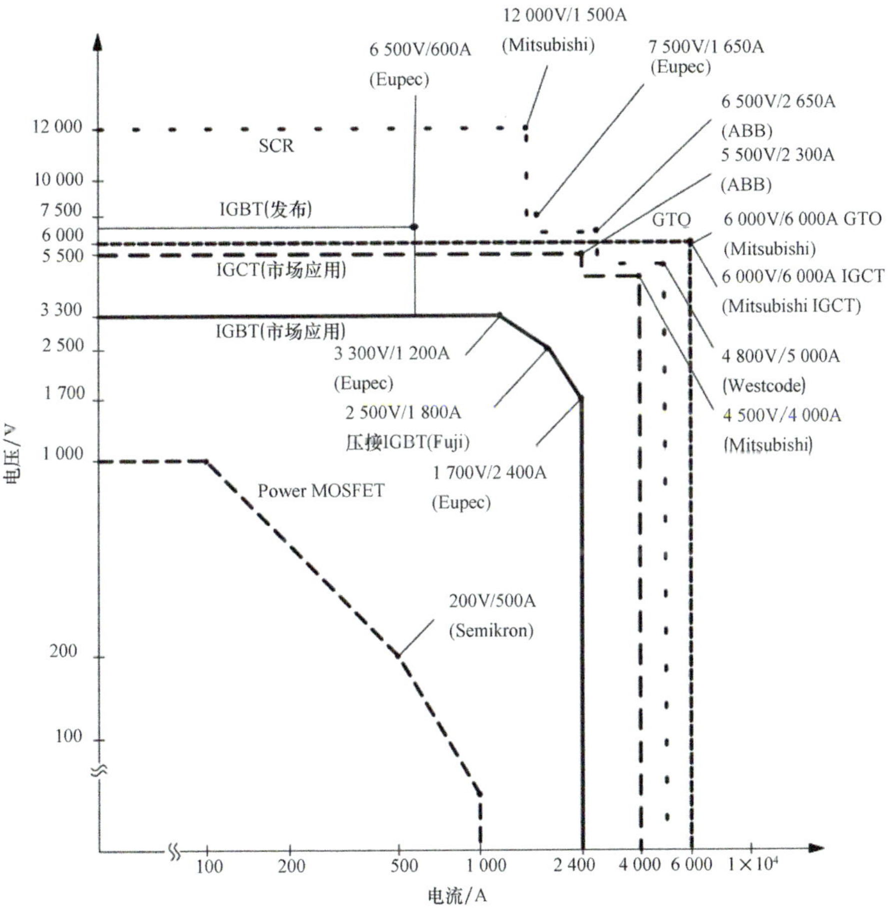

图 2-5　基于硅材料的半导体器件状况

2.1.2 第三代宽禁带器件

上述器件都是基于硅材料的半导体器件。受硅材料性能的局限，半导体器件的导通电压降很难再降（决定通态损耗大小），禁带宽度低（影响高温性能），绝缘击穿电场小（影响耐压），饱和漂移速度低（影响开关速度），热导率小（影响热设计）。以碳化硅（SiC）、氮化镓（GaN）、氧化锌（ZnO）、金刚石、氮化铝（AlN）为代表的第三代宽禁带［禁带宽度 E_g > 2.3eV（1eV=1.6×10^{-19}J）］器件逐步发展，它们具有更宽的禁带宽度、更高的击穿电场、更高的热导率、更高的电子饱和速率以及更强的抗辐射能力。

SiC 电力电子器件是指采用第三代半导体材料 SiC 制造的一种宽禁带电力电子器件，是第三代半导体器件的典型代表，也是目前晶体生长技术和功率半导体器件制造水平最为成熟的宽禁带半导体器件。该器件具有耐高温、高频、高效的特性，从 2001 年第一只商业化的 SiC 功率肖特基二极管被推出以来得到迅速发展。基于 SiC 的电力电子器件与硅器件相比具有以下特性。

1）具有更低的导通电阻。在低击穿电压（约 50V）下，SiC 器件的比导通电阻仅有 1.12μΩ · cm^2，是硅类器件的 1/100 左右。在高击穿电压（约 5kV）下，比导通电阻提高到 25.9mΩ · cm^2，却是硅类器件的 1/300 左右。更低的导通电阻使得 SiC 电力电子器件具有更小的导通损耗，从而能获得更高的整机效率。

2）具有更高的击穿电压。例如：商业化的硅肖特基二极管通常耐压在 300V 以下，而首个商业化的碳化硅肖特基二极管的额定电压就已经达到了 600V，首个商业化的碳化硅 MOSFET 额定电压为 1 200V，而常用的硅 MOSFET 大多在 1kV 以下。

3）更低的结 - 壳热阻。这使得器件的温度上升更慢。

4）更高的极限工作温度。SiC 的稳定极限工作温度有望达到 600℃以上，而硅器件的最大结温仅为 150℃。

5）更强的抗辐射能力。在航空等领域应用可以减轻辐射屏蔽设备的重量。

6）更高的稳定性。SiC 器件的正向和反向特性随温度的变化很小。

7）更低的开关损耗。SiC 器件开关损耗小，在几十千瓦功率等级能够工作在硅器件难以实现的更高开关频率（> 20kHz）状态。

SiC 器件供应链如图 2-6 所示。

GaN 有独特的材料优势，具有带隙宽、电子迁移率高、热特性好等特点。与传统硅基器件相比，性能指标好，具有更快的转换时间和更低的开关损耗。在相同标称电压下，GaN 器件的漏源导通电阻 $R_{DS(ON)}$ 要低于硅基器件几个数量级，有效减小了 GaN 器件的通态损耗，提高了转换效率。GaN 器件的结电容很小，能够工作在高频率下，工作频率至少可以比硅器件提升 10 倍，极大地降低了应用设计当中无源储能器件的体积，从而起到缩小电源尺寸、降低成本的效果。所以，GaN 器件在实现高频率、高效率、高功率密度的功率转换中有着绝对优势。硅基、碳化硅、氮化镓性能参数对比如图 2-7 所示。我国 GaN 器件供应链分布如图 2-8 所示。国外 GaN 器件供应链分布如图 2-9 所示。

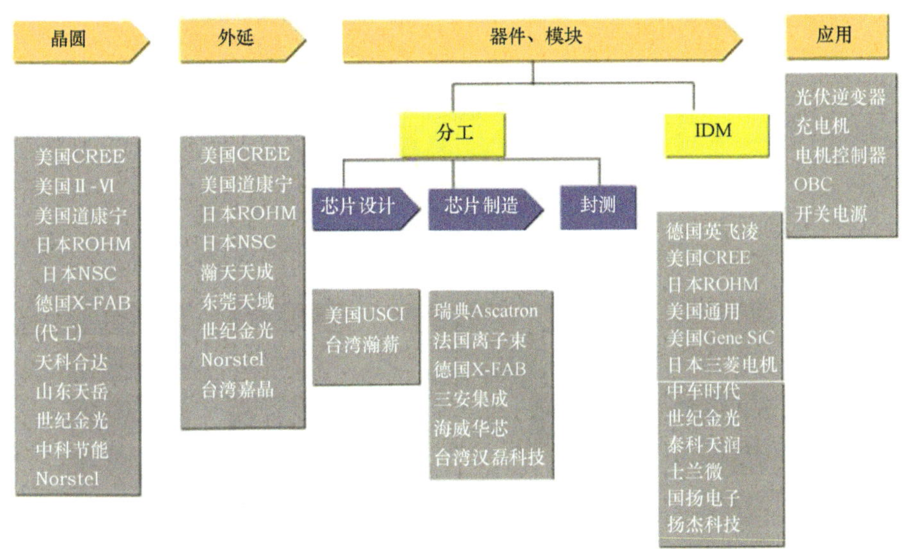

图 2-6　SiC 器件供应链

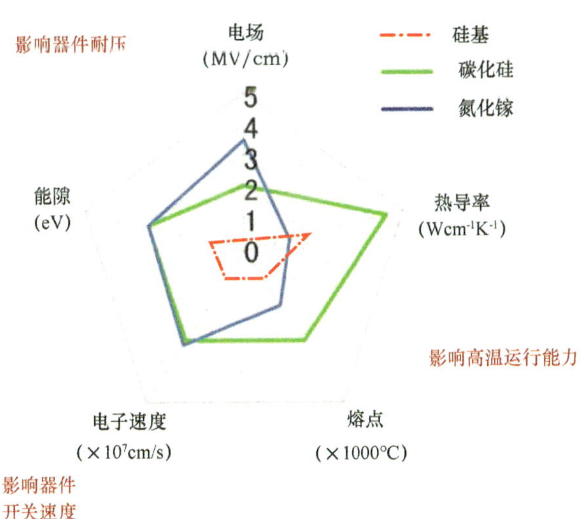

图 2-7　硅基、碳化硅、氮化镓性能参数对比

第2章 产业发展现状

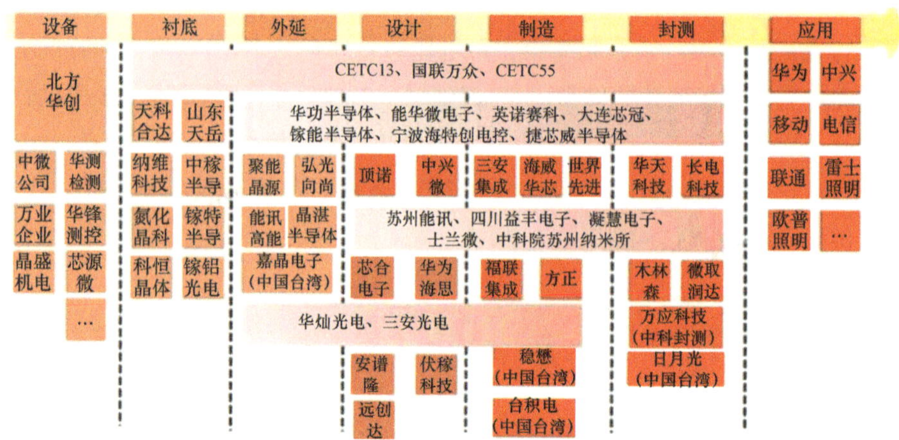

图 2-8 我国 GaN 器件供应链分布

注：资料来源于 CAS 产业研究院、国联万众第三代半导体联合创新孵化中心、方正证券研究所。

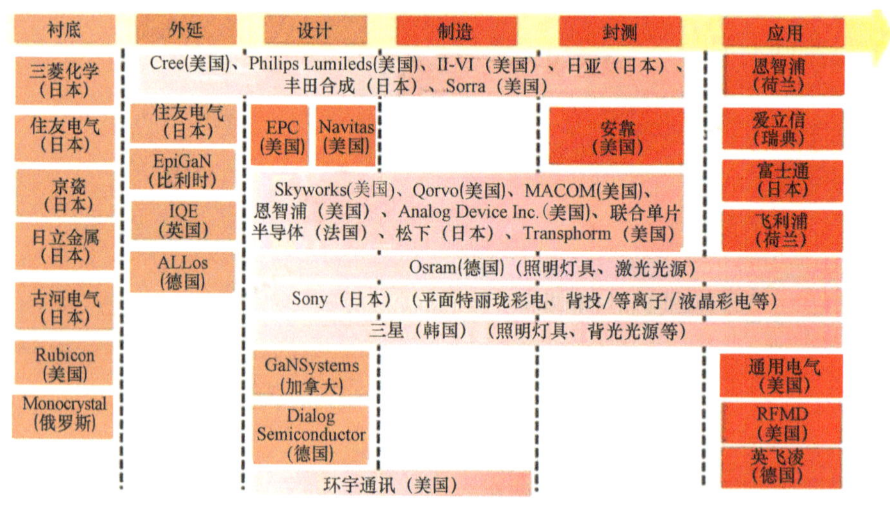

图 2-9 国外 GaN 器件供应链分布

注：资料来源于 CAS 产业研究院、国联万众第三代半导体联合创新孵化中心、方正证券研究所。

2.2 拓扑发展现状

典型工业应用的变频器有两电平以及多电平的电压源变频器、电流源变频器和直接交-交变频器，其拓扑图概览如图 2-10 所示。

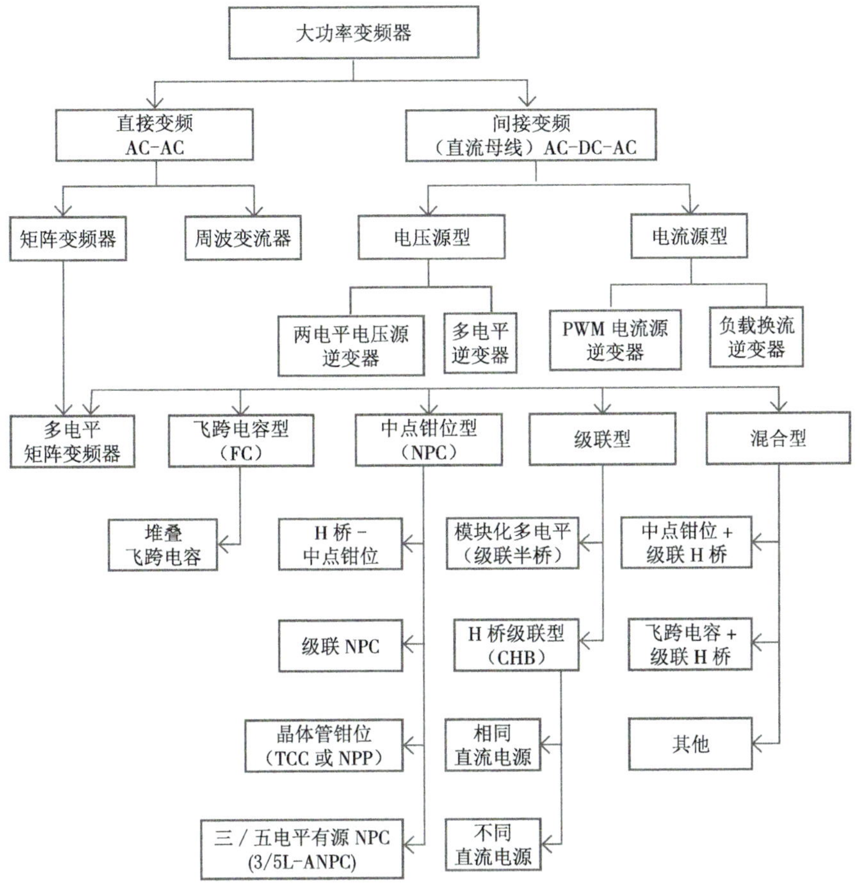

图 2-10　典型工业应用的变频器拓扑图概览

2.2.1　电压源变频器

电压源逆变器（VSI）是技术最成熟、工业界最常用的拓扑。最简单、最基础的两电平电压源逆变器（2L-VSI）包括一个直流侧大电容或者电压源、三个桥臂。功率开关管的驱动信号由调制策略产生，以合成期望输出的基波电压。两电平电压源逆变器的最大输出电压取决于直流侧电压。受功率器件的限制，工业驱动中常使用的 1 700V 低压 IGBT 只能提供 690V 的输出电压。考虑到器件的耐电压和耐电流限制，为了获得大功率，通常只能靠器件的串并联来实现。而串并联会带来开关器件的静态均压、动态均压、均流等一系列问题，影响了逆变器的可靠性。这种类型的逆变器输出是两电平，du/dt 大，对器件及电动机的冲击非常大，通常需要接输出滤波器，否则只能使用特殊设计的变频器专用电动机，一般用于低压中小容量场合。为了突破器件的容量限制，电压源多电平逆变器在中压大容量变频器中得到了广泛应用。2L-VSI 拓扑如图 2-11 所示。

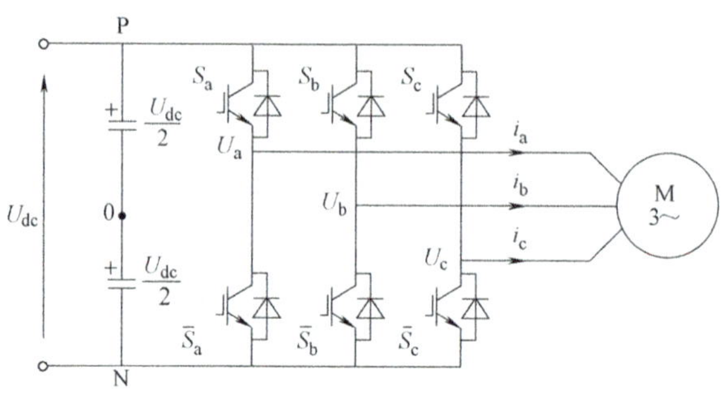

图 2-11　2L-VSI 拓扑

1. 中点钳位型

（1）二极管钳位多电平型　二极管钳位多电平拓扑结构由 Akagi 于 20 世纪 80 年代提出，典型的三电平二极管钳位（3L-NPC）拓扑如图 2-12 所示。闭合上桥臂的两个开关管，输出连接到了正母线；闭合中间的两个开关管，输出就连接到了中性点；闭合下桥臂的两个开关管，输出连接到了负母线。与两电平相比，每个开关管只承受直流电压的一半。在三电平拓扑结构中，每个开关管承受的电压应力一致，但对电平数进行扩展时，存在钳位二极管承受的反向电压不同，越靠近内侧开关管导通时间越长，以及硬件和工况的不对称导致电容电压均压的问题。这些技术瓶颈限制了更多电平 NPC 的工业应用，目前只有 3L-NPC 获得了广泛应用，开关管一般采用高压 IGBT 和 IGCT。二极管钳位 N 电平拓扑如图 2-13 所示。

ABB 公司的中压变频器 ACS1000 系列、ACS6000 系列，西门子公司的中压变频器 SINAMICS GM150 系列、SINAMICS SM150 系列，TMEIC 公司的中压变频器 TMdrive-30、TMdrive-50、TMdrive-70、TMdrive-380、TMdrive-XL80，国内禾望公司的中压变频器 HD8000（三电平）以及汇川公司的中压变频器 HD3X 系列等都是 3L-NPC 结构。GE 公司的中压变频器 MV7000 系列采用中性线可控（NPP）三电平结构，如图 2-14 所示。

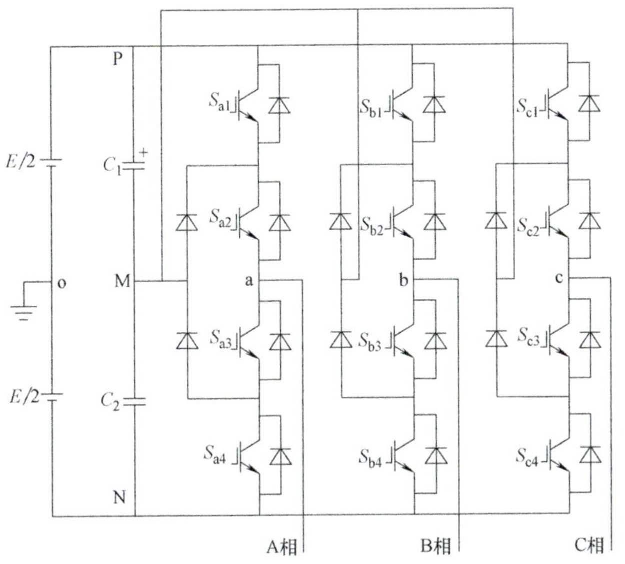

图 2-12　3L-NPC 拓扑

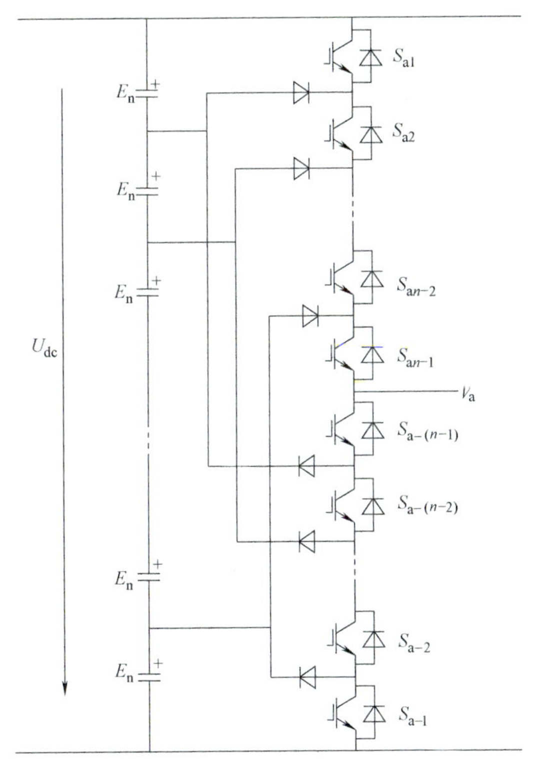

图 2-13　二极管钳位 N 电平拓扑

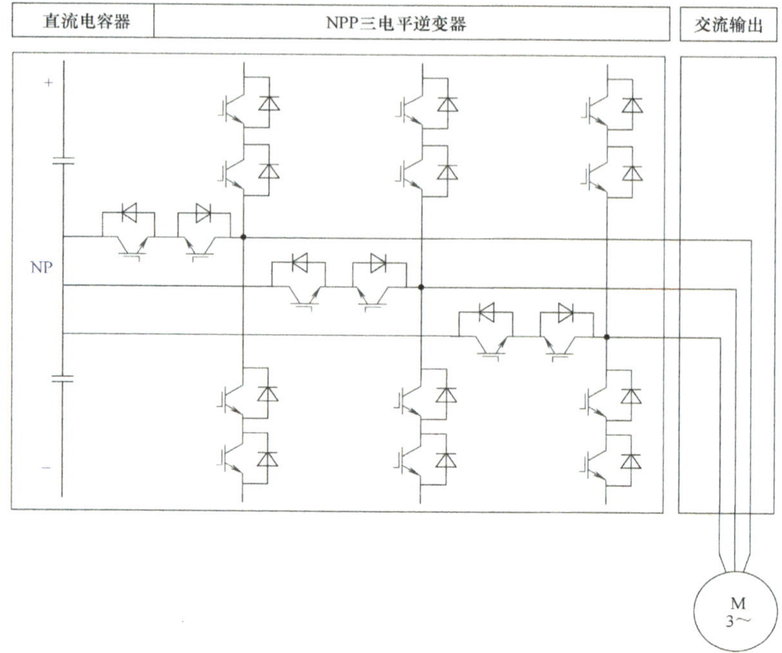

图 2-14　MV7000 NPP 三电平拓扑

（2）三 / 五电平有源 NPC（ANPC）　ABB 公司的中压变频器 ACS2000 系列采用 2 个 IGBT 串联、3L-ANPC 加 FC 形式，构成 5L-ANPC，如图 2-15 所示。TMEIC 公司的中压变频器 TMdrive-XL55、TMdrive-XL75、TMdrive-XL85 也采用和 ACS2000 相同的拓扑。GE 公司的中压变频器 MV6 系列采用层叠式多单元变换器（SMC）结构，基本拓扑如图 2-16 所示。

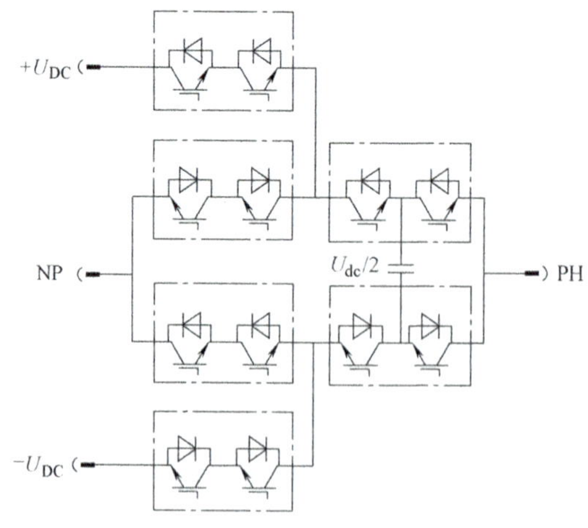

图 2-15　5L-ANPC 结构拓扑

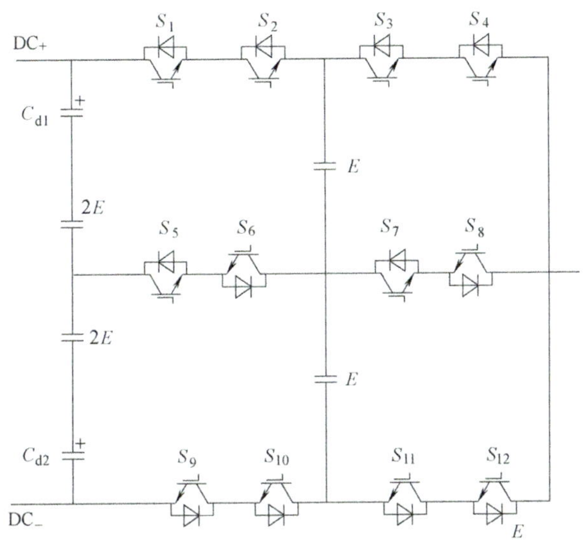

图 2-16　5L-SMC 基本拓扑

（3）电容钳位型　由 T. A. Myenadr 和 H. Foch1992 年于 PESC 会议首次提出。相比三电平二极管钳位型拓扑结构，三电平电容钳位型拓扑结构采用悬浮电容代替钳位二极管，主要作用是把开关管的电压限制在钳位电容上，通过不同的开关状态实现多电平输出。电平数越多，电压矢量的选择余地就越大。电容的引进使得同一电平上有多种开关组合可以选择，通过合理选择开关状态保持电容电压均衡，这样就可以很好地用于有功调节和变频调速系统，但控制方法比前者要复杂。不过，由于需要使用大量电容，对于高压大容量系统而言大大增加了装置体积，增大了结构设计的难度。Alstom（传动部门已经被 GE 收购）的 ALSPA VDM6000 采用四电平跨电容结构，如图 2-17 所示。

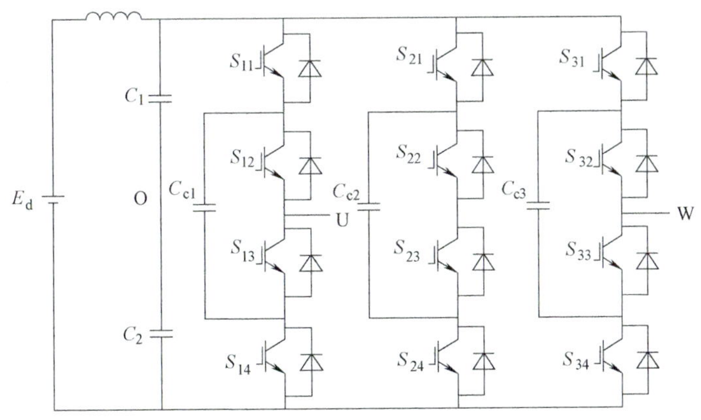

图 2-17　四电平跨电容结构

2. 级联型

（1）H 桥级联型（CHB） CHB 逆变器是一种高度模块化的变流器，由若干个标准的单相 H 桥逆变器单元级联而成。功率单元可以由简单可靠、经济实惠的低压功率器件构成，如图 2-18 所示。

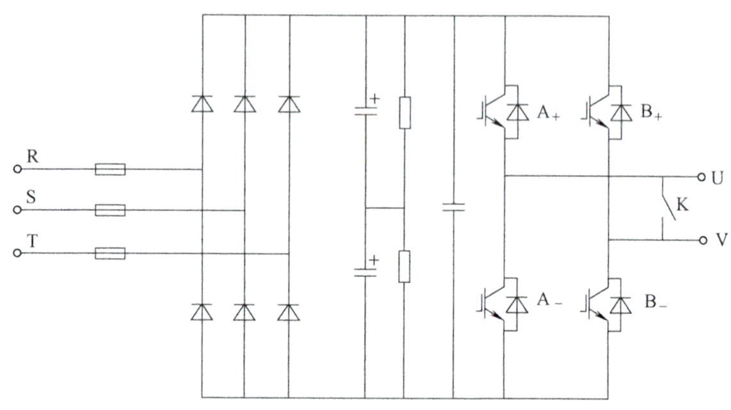

图 2-18 功率单元结构

CHB 拓扑结构首先由 P. Hammond 等学者于 1988 年提出。CHB 逆变器可以采用容错控制来提高系统的可靠性和实用性，虽然功率单元的开关频率很低但负载的等效开关频率却很高，显著降低了开关损耗，获得更小的 du/dt，是目前应用最广泛的多电平拓扑。CHB 逆变器中的每个功率单元都需要独立的直流电源，多绕组变压器带不可控整流器的供电方案既能提供隔离作用，还能消除二极管整流产生的低次谐波，是目前独立电源的主流方案。CHB 的主要问题是：变压器的结构复杂，直流侧需要大电容，电路体积较大。多绕组变压器带不可控整流器方案不能实现再生发电运行，为了实现四象限运行采用可控整流方案，可以控制直流电压、有功功率、正弦电流，实现功率的双向流动，其缺点是需要感性的输入滤波器和相应的冷却系统，同时可控整流导致损耗增加、可靠性降低。

ABB 公司的中压变频器 ACS580MV 系列，西门子公司的 SINAMICS GH180 系列（原罗宾康公司），TEMIC 公司的中压变频器 TMdrive-MVG2 系列，罗克韦尔公司的中压变频器 PowerFlex6000 系列，安川公司的中压变频器 FSDrive-MV 系列，国内的利德华福、合康新能、智光电气、卧龙荣信、汇川公司的 HD5X 系列等都是采用 CHB 结构。ABB 公司的中压变频器 ACS5000、TMEIC 公司的中压变频器 Dura-Bilt5i MV 采用单相三电平（五电平）结构。

（2）模块化多电平　模块化多电平变换器（MMC）于 2003 年被 A.Lesnicar 和 R.Marquardt 首先提出，后在中、高压大容量领域中得到快速发展，其拓扑结构如图 2-19 所示。MMC 采用电压等级较低的开关管和电容并联构成子模块（见图 2-20），再通过子模块级联组成。其功率单元以半桥逆变器为主，也需要悬浮电容。因为每个单元都有悬浮的直流电容，MMC 无须隔离的直流电源。该拓扑结构可以有效地解决电压等级对开关管的限制问题。除此之外，模块化设计使电平数的扩展极其容易，具有优良的输出特性和较好的故障恢复能力。MMC 也需要电容电压均衡控制策略，此外还需有效的控制策略来减小变流器内部的环流。西门子公司的中压变频器产品 SINAMICS GH150 系列（风机、泵类、压缩机等应用）和 SINAMICS GH150 系列（轴带电动机、岸电）均采用 MMC 结构。

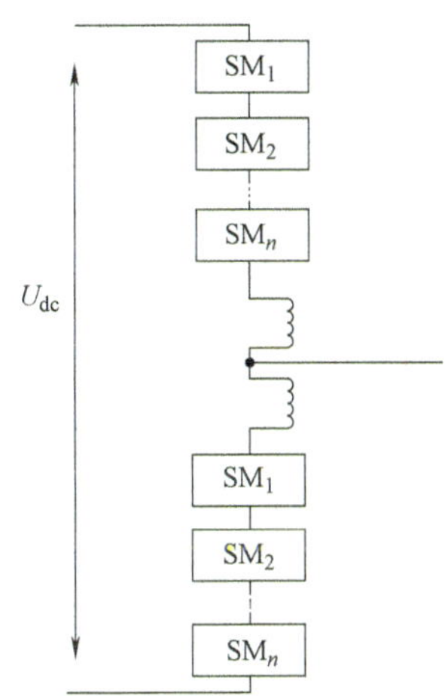

图 2-19　MMC 拓扑结构

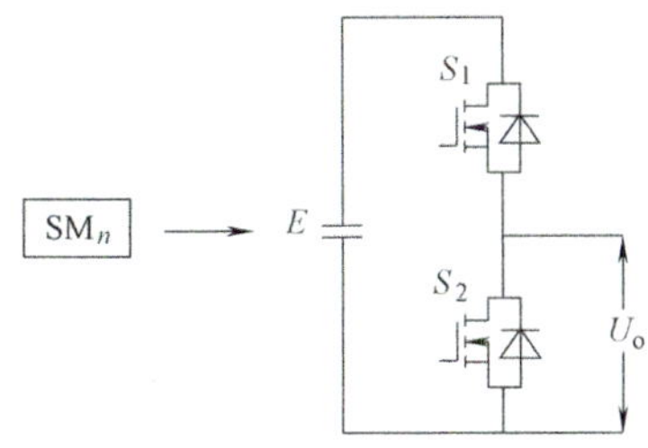

图 2-20　子模块示意图

2.2.2 电流源变频器

电流源逆变器（Current Source Inverter，CSI）通常需要可控整流器在直流侧提供稳定的电流。CSI 中的可控整流器通常是晶闸管整流器，直流母线需要大电感，以减少负载的共模电压。CSI 的电力电子开关管一般是 IGCT。CSI 的输出电流波形为 PWM 波形，不能直接应用在电动机这种感性负载上，必须使用电容滤波器限制 di/dt，以产生平滑连续的输出电压，如图 2-21 所示。电流源逆变器广泛应用于中压驱动，具备能量回馈能力。当需要高质量输入电流波形时，可使用背靠背结构的 CSI。背靠背型 CSI 的整流器输入电流波形为 PWM 波形，因此输入侧需要 LC 滤波器进行滤波。罗克韦尔公司的中压变频器 PowerFlex7000 系列是 CSI 型拓扑，配合同步电动机的 LCI 变频器也是 CSI 型拓扑。

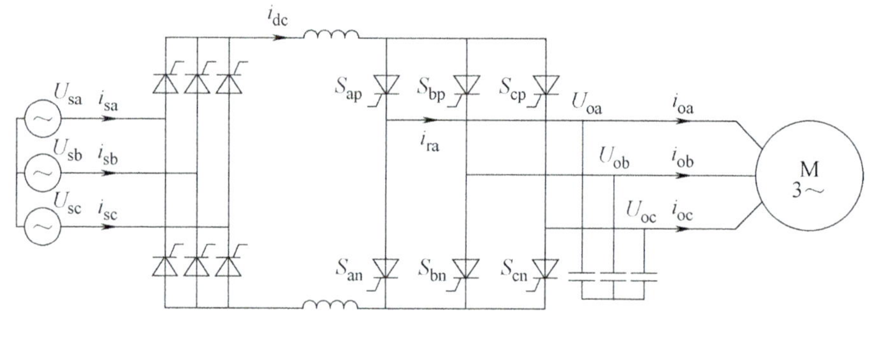

图 2-21 CSI 拓扑

2.2.3 直接交 - 交变频器

直接交 - 交变频器没有中间储能环节，直接将能量从输入侧传递到输出侧，其最大优势是体积小，但控制也很复杂。

（1）周波变流器 周波变流器属于典型的直接交 - 交变频器，广泛应用于磨机等大功率负载的供电，如图 2-22 所示。周波变流器的每相均由晶闸管双向变频器组成，通过正弦信号控制产生可变化的直流电压。其输入侧通过移相变压器进行供电，以消除输入电流中的低次谐波。周波变流器常用于驱动低频率的大功率负载。西门子循环变频器 SINAMICS SL150（最大容量可达 40MV · A）属于该拓扑。

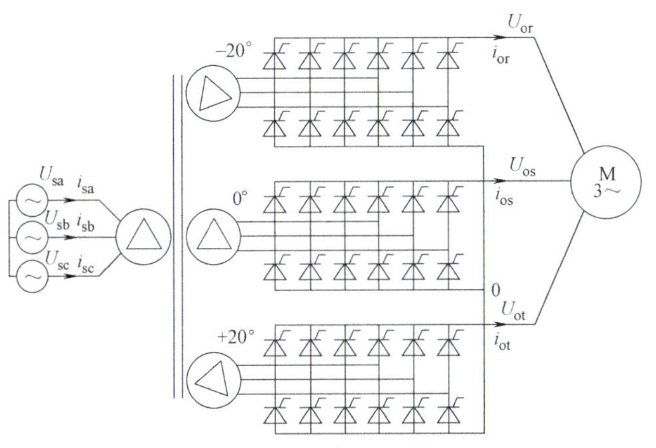

图 2-22 周波变流器

（2）矩阵变流器（Matrix Converter，MC） MC 是另一种典型的直接交 - 交变频器，包括直接矩阵变流器（Direct MC，DMC）和间接矩阵变流器（Indirect MC，IMC）两种形式。DMC 由 9 个双向开关组成，输入端通过 LC 滤波器来提高输入电流质量，输出端直接接感性负载，如图 2-23 所示。矩阵变流器最主要的优势是体积小，非常适合在汽车、飞机等领域应用。日本安川公司的 FS-Drive-MX 系列中压变频器采用单相矩阵变流器多段级联形式，U1000 系列低压变频器采用矩阵变流器。

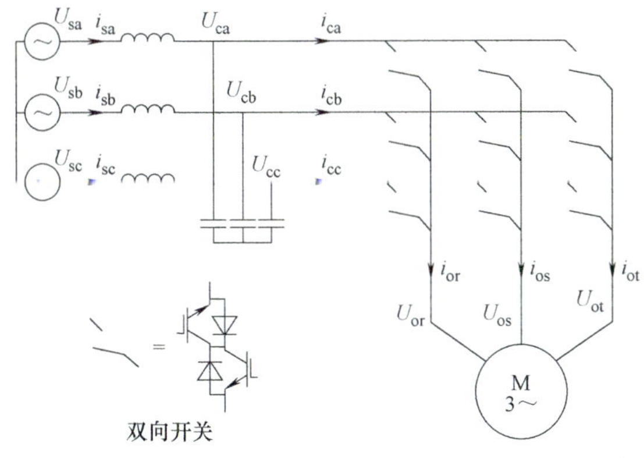

图 2-23 矩阵变流器

2.3 控制技术发展现状

2.3.1 脉宽调制技术

脉宽调制（Pulse Width Modulation，PWM）技术是利用半导体器件的开通和关断把直流电压变成一定形状的电压脉冲序列，以实现变压、变频并有效控制和消除谐波的一门技术。变频调制技术的目标是：降低变频器损耗，获得良好的磁通、电压或电流波形，减少共模电压，降低 $\mathrm{d}u/\mathrm{d}t$ 等。一些目标如降低变频器损耗和获得良好的电流波形是很难同时兼顾的。

最初的正弦脉宽调制技术是由 Schonung 于 1964 年提出的，将正弦控制信号（调制控制信号）与三角波信号（载波信号）进行比较生成输出电压，用于交流传动系统中。经过数十年的发展，PWM 技术取得了长足发展，方案也非常丰富，广泛应用在各类变频器中。

一般来说，PWM 可以分为变开关频率和固定开关频率两类调制方法。

1. 变开关频率调制方法

变开关频率调制方法的基本原理是：当一些控制条件满足时就进行开关动作，没有调制信号和开关序列的概念。变开关频率调制方法主要有滞环控制和模型预测控制两种。滞环控制是通过在滞环宽度内比较测量的控制变量（通常是电流）和参考值，来决定器件的开关动作状态，主要目标是保证控制变量在滞环宽度内，因此开关波形是非周期性的，如图 2-24 所示。其控制器设计非常简单，开关频率不固定，谐波频谱范围宽。模型预测控制则是在每一个采样周期内根据负载和变流器的数学模型及有效开关状态来进行预测，选择使目标函数最小的开关状态作用于下一个采样周期。

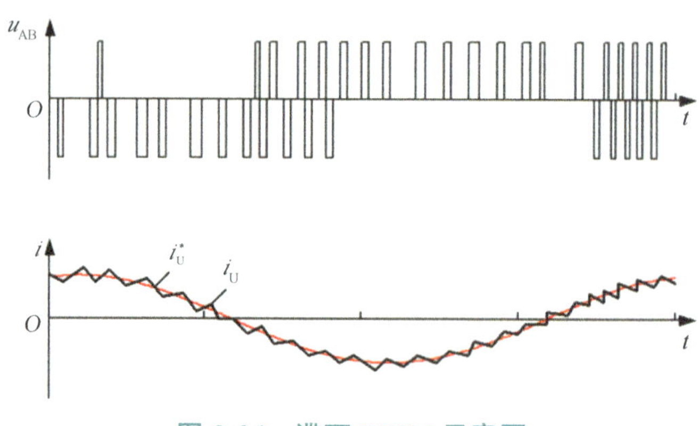

图 2-24　滞环 PWM 示意图

2. 固定开关频率调制方法

从变频器开关导通时间的调制方式看，用于固定开关频率的 PWM 方法主要有自然采样法、规则采样法以及面积相等法三种。自然采样法是在输出的目标参考波形和载波的交点进行开关动作，规则采样法是在规则采样的输出目标参考波形和载波的交点进行开关动作，面积相等法是使输出的目标参考波形在一个载波周期的积分面积和变频器的实际输出波形的积分面积相当。这其中，规则采样法是自然采样法的简单近似，且实现较为容易。目前大部分固定开关频率调制方法都采用规则采样方法。固定开关频率调制方法对比如图 2-25 所示。

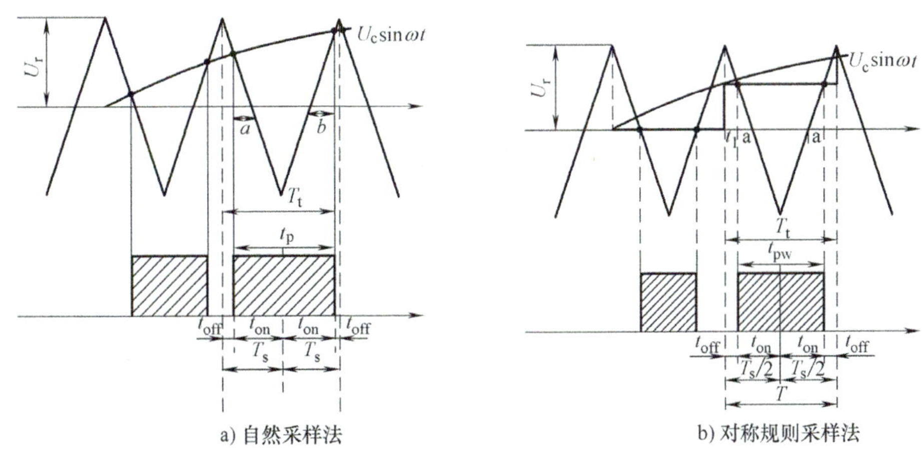

a) 自然采样法　　b) 对称规则采样法

图 2-25　固定开关频率调制方法对比

目前变频器中常用的 PWM 方法包括正弦电压 PWM（SPWM）、空间矢量 PWM（SVPWM）、特定次谐波消除 PWM（SHEPWM）、谐波电流最小 PWM（CHMPWM）等。上述 PWM 方法又可以分为同步调制法和异步调制法。异步调制的载波频率一般为固定值，随着电机基波频率变化，载波比（载波和调制波频率的比值）也相应发生变化，输出脉冲仅满足伏秒平衡特性并不考虑对称性。当电机基波频率增加，载波下降时输出脉冲的不对称性会比较严重，这将导致输出电流的谐波含量增加。同步调制是指随着输出基波频率的变化，载波比保持恒定值的调制方法。同步调制兼顾开关损耗和谐波特性，通过波形对称性和各种谐波优化性能达到高质量电流输出的目的。一般情况下，同步调制的输出脉冲应满足三相对称、半波奇对称以及 1/4 周期偶对称。

SPWM 和 SVPWM 分别着眼于正弦电压和正弦磁通，SHEPWM 和 CHMPWM 一类优化 PWM 则着眼于降低电压和电流谐波，此类优化 PWM 属于同步调制策略。PWM 方法对比如图 2-26 所示。

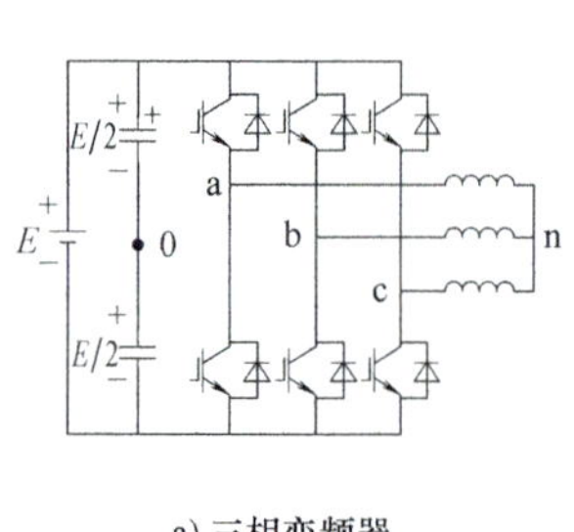

a) 三相变频器

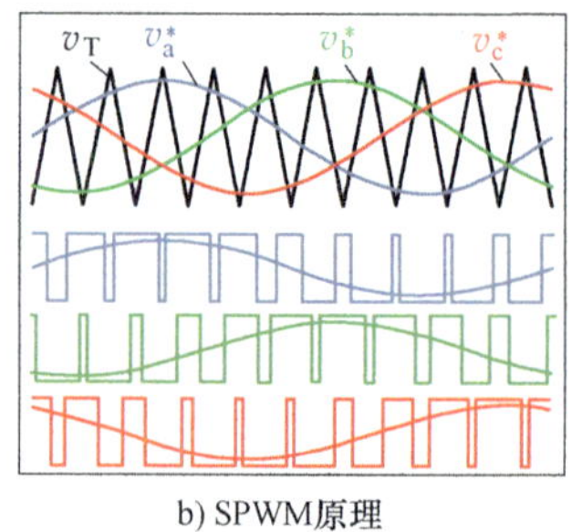
b) SPWM原理

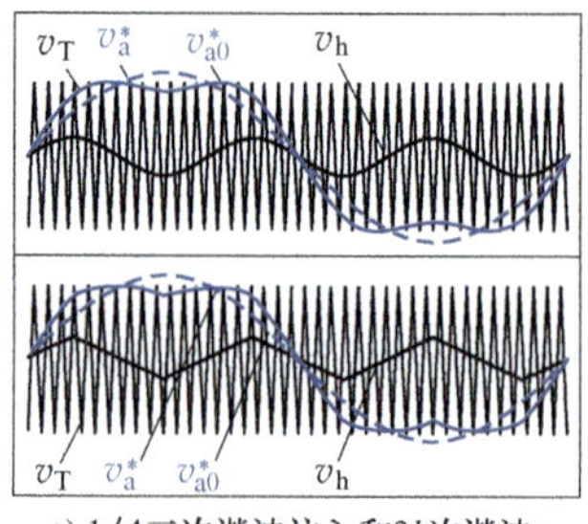
c) 1/4三次谐波注入和3k次谐波注入(SVPWM)

图 2-26　PWM 方法对比

（1）SPWM 方法　SPWM 方法是采用三角波作为载波，利用三角波对正弦波进行采样得到阶梯波，再在阶梯波与三角波的交点时刻控制开关器件的通断。

考虑采样因素，三角波只在其顶点（或底点）位置对正弦波进行采样，由阶梯波与三角波的交点所确定的脉宽，在一个载波周期（即采样周期）内的位置是对称的，这种方法属于对称规则采样。当三角波既在其顶点又在底点时刻对正弦波进行采样时，由阶梯波与三角波的交点所确定的脉宽，在一个载波周期（此时为采样周期的两倍）内的位置一般并不对称，这种方法属于非对称规则采样。当开关频率较高时可以采用异步调制模式，当开关频率较低时可以采用同步调制模式。

SPWM 的主要缺点是：直流电压利用率较低，只有 0.866，线性控制范围较小。在相电压中注入共模的三次谐波，能够提高母线电压利用率，三次谐波不影响线电压输出。因此，在 SPWM 基础上发展出来不少三次谐波注入 PWM（THIPWM）方法。相关文献指出，该方法在相电压中加入 1/6 基波分量的三次谐波，可以使输出电压的基波增加 15.47%，使直流母线的电压利用率接近 1。也有文献分析，注入 1/4 基波分量的三次谐波，可以减小谐波畸变，比 SPWM 母线电压利用率提高 15.07%。

（2）SVPWM 方法　SVPWM 方法由 Busse 和 Pfaff 同一年提出。SVPWM 也叫磁通正弦 PWM 法，从电机角度出发并以三相波形整体生成效果为前提，以实现电机气隙的理想圆形旋转磁场轨迹为目的。此方法把逆变器和电机看作一个整体，以内切多边形逼近圆的方式进行控制，使电机获得幅值恒定的圆形磁场（正弦磁通），并由此决定变频器的开关动作，如图 2-27 所示。此方法输出电压比 SPWM 提高 15.47%，谐波电流有效值之和接近最小。根据零矢量放置位置的不同，SVPWM 的实现又可以分为连续调制和不连续调制两种方法，具体原理和方法可以参考相关文献。诸多文献表明，SPWM 注入合适的零序分量可以和 SVPWM 完全等效，如两电平 7 段式 PWM（零矢量平均放置连续调制方法）等效于 $3k$ 次谐波注入的 SPWM（注入分量为三角波，零序分量），如图 2-28 所示。和 SPWM 一样，当开关频率较高时可以采用异步调制模式，当开关频率较低时可以采用同步调制模式，具体实现方法可以参见相关文献。

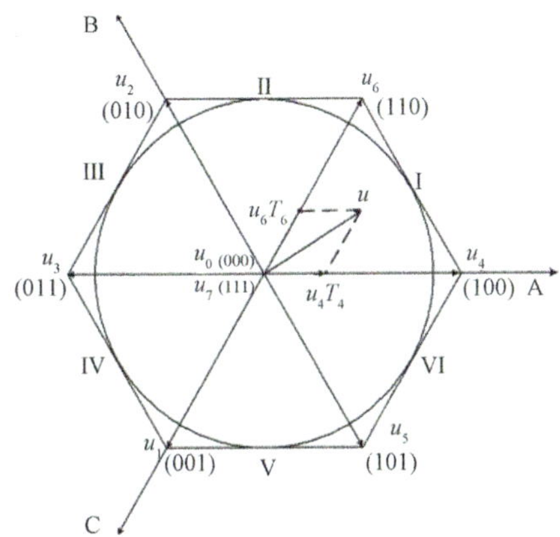

图 2-27　空间电压矢量分布

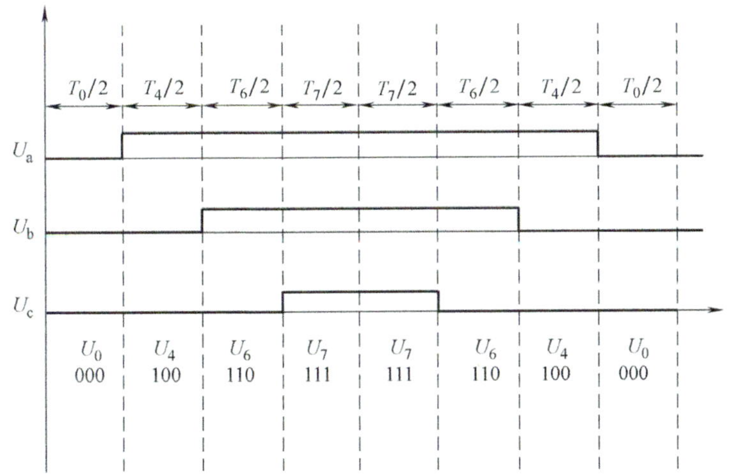

图 2-28　7 段式 SVPWM（零矢量平均分配）

（3）SHEPWM 方法　SHEPWM 对已知的 PWM 脉冲进行傅里叶分析，得到对应的傅里叶级数表达式，这些表达式中包含电压脉冲的基波以及各次谐波。根据基波以及谐波的数学模型建立消谐方程组，通过对方程组的求解，得到优化的开关角，并按照对称性的要求组合排列出对应的 PWM 脉冲，在满足基波幅值的基础上实现特定次数谐波的消除。11 分频下 SHEPWM 的开关角分布如图 2-29 所示。相比同步 SVPWM（SSVPWM），SHEPWM 脉冲不仅满足三相对称、半波对称以及 1/4 周期对称，还能够实现低次谐波的消除。文献分析表明，在一定调制深度以上，SHEPWM 较传统的 SVPWM 有更好的电流谐波抑制性能。

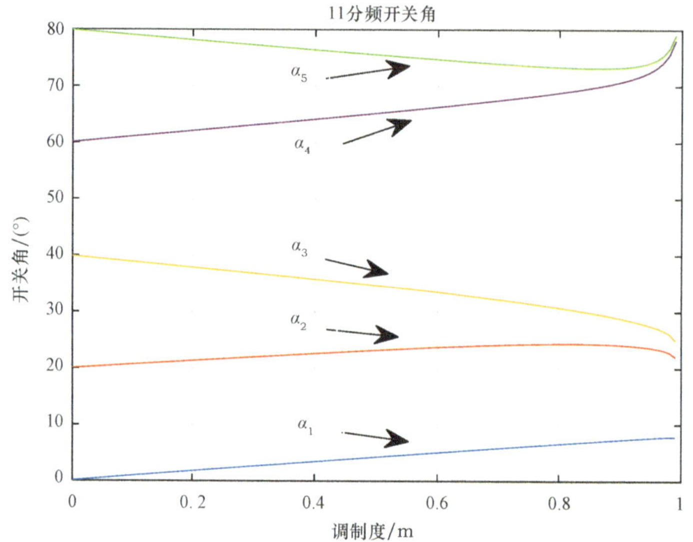

图 2-29　11 分频下 SHEPWM 的开关角分布图

（4）CHMPWM 方法　CHMPWM 的目的在于使负载电流的 THD 达到最小，从而间接对谐波损耗、电流峰值、转矩脉动等方面的性能指标进行优化，这是 CHMPWM 对电流而不是电压谐波进行最优化控制的原因。实现方法上和 SHEPWM 类似，通过对 PWM 调制波的傅里叶分析，获得各次电流谐波关于开关时刻的精确数学关系，根据不同的优化目标来定量求解每个开关的具体开关时刻来达到期望的基波及谐波控制。在一个调制波输出周期内，通过开关角来确定调制波的发生波形，这些开关角的确定需要满足谐波电流有效值最小。11 分频下 CHMPWM 的开关角分布如图 2-30 所示。

在实际应用中，SHEPWM 方法开关角的求解相对简单，开关角随着调制比的分布是连续的，使得 SHEPWM 相对于其他优化 PWM 方法更易于实现，但其低次谐波的消除并非最优。CHMPWM 可以使电流谐波最优，但其开关角的求解相对复杂且不连续。因此，在大功率传动系统中 SHEPWM 应用得比较广泛。

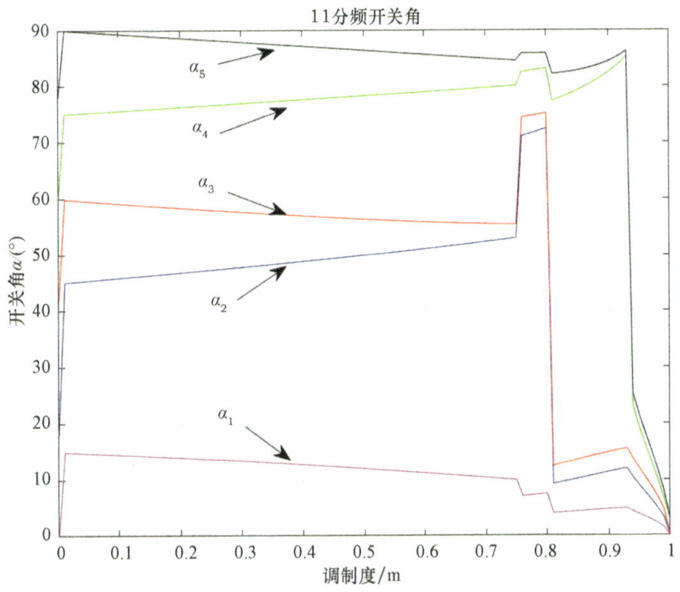

图 2-30　11 分频下 CHMPWM 的开关角分布图

2.3.2　电机控制技术

1. 典型交流电机控制

交流电机本质上为非线性时变多变量耦合对象，近年来产生了多种控制方法。典型交流电机控制系统的外环速度控制环是相似的，主要产生转矩指令和磁链指令，而电机控制也转化为对转矩的准确控制。目前，转矩控制（Torque Control，TC）方法非常多，主要分为线性控制、非线性控制两种。线性控制方法包括：基于交流电机稳态模型的方法，例如恒压频比（V/F）控制、转差频率控制；基于交流电机动态模型的控制方法，例如矢量控制（VC）、直接转矩控制（DTC）、模型预测控制（MPC）。非线性控制方法主要包括鲁棒控制、滑模变结构控制、反馈线性化、自抗扰控制、模糊控制、神经网络控制等。这些控制方法中只有矢量控制和直接转矩控制等少部分获得了工业应用。

（1）恒压频比控制　在调速性能要求不高的场合，异步电机调速多采用恒压频比控制，在保持电机磁通基本恒定的情况下实现平滑调速。变频器的恒压频比控制是通过调整变频器的输出电压和输出频率之比，来改变电机在调速过程中机械特性的控制方式，是变频器最基本的控制方式。一般变频器控制的输出曲线有正比型、起动转矩补偿型和递减型三种。通常大多数选择正比型曲线，这种输出曲线适用于恒转矩负载；起动转矩补偿曲线将输出电压相对于恒定转矩曲线做适当调整，以补偿定子在低频时定子电阻引起的电压降，提高电机的转矩，适应大起动转矩需求的调速对象；递减型曲线适合风机水泵类负载，这类负载工作转速降低时，转矩以二次方关系降低。

恒压频比控制算法简单，通用型变频器基本上都采用这种控制方式。但在低频时由于输出电压较低，受定子电阻电压降的影响，输出最大转矩会减小，不能达到较高的控制性能，一般用于风机水泵等场合。此外，在低速和轻载时还可能由于 V/F 曲线设置不当等原因存在振荡。ABB 公司的低压变频器 ACS510 系列、西门子公司的低压变频器 SINAMICS V20 和国内的大部分通用变频器都采用 V/F 控制算法。

（2）转差频率闭环控制　为了进一步提高动静态性能，后来有人提出了转子转速闭环的转差频率控制系统。引入转速闭环输出给定转差频率，和实际转速相加，从而得到同步频率的给定值。与 V/F 控制系统相比，转差频率控制系统更加稳定，动态性能有所提高。在恒定磁链下转差率与输出转矩成正比例，但由于该方法依据的仍然是电机稳态模型，系统中不存在严格的磁链控制环节，因此无法控制动态过程中的转矩和磁链，也就无法得到较理想的动态性能。

（3）矢量控制　1971 年，西门子公司的 Blaschke 提出了交流电机磁场定向控制原理，根据电机的动态数学模型，利用矢量变换方法在理论上实现了电机磁链和转矩控制的解耦，从而可以得到快速的转矩响应。其基本思想是通过三相/两相静止坐标变换和经过磁场定向的两相/两相同步旋转变换后，将定子电流分解成产生磁链的励磁直流分量和产生转矩的转矩直流分量，并使两直流分量正交，然后分别进行控制，这样感应电动机便可以像直流电动机一样实现解耦控制。其中，以转子磁链为定向参考坐标系在交流调速系统控制中得到广泛应用，世界各大变频器厂商几乎都推出了基于矢量控制的变频器产品。矢量控制中磁通和转矩的解耦程度依赖于磁场的准确定向，而磁通的准确定向又依赖于准确的电机参数，尤其是转子参数的变化会在一定程度上影响系统的性能，为了提高实际应用效果，需要加入参数在线辨识或补偿等环节。

矢量控制主要包括直接矢量控制和间接矢量控制两种。直接矢量控制直接建立具有磁链反馈和转矩反馈的直接矢量控制系统，其中转子磁链的反馈和定向的精度以及控制的鲁棒性问题是影响系统运行性能的关键问题。间接矢量控制舍去了磁链反馈环节，直接用磁链给定值产生励磁电流分量，以加快转子磁链控制，同时根据转差频率表达式计算转差频率，与实际转速求和得到定子同步频率。20 世纪 90 年代以后，异步电动机的矢量控制系统——无论是采用间接矢量控制算法还是直接矢量控制算法——都获得了成熟、广泛的应用，大到几兆瓦功率的轧机传动系统和电力机车交流传动系统，小到几十瓦的伺服系统，都已成功采用矢量控制系统。除了少数风机、泵类以及 ABB 的部分变频器外，几乎目前所有的变频器都采用了矢量控制算法，比如西门子公司的低压变频器 SINAMICS G120、ABB 公司的低压变频器 ACS550 和国内大部分高性能矢量型变频器等。

（4）直接转矩控制　1985 年，德国鲁尔大学的 M.Depenbrock 教授和日本学者 I.Takahashi 分别独立提出了直接转矩控制理论。与矢量控制相比，直接转矩控制不需要坐标旋转变换，从而放弃了解耦的思想，同时也不需要电流内环和 PWM 环节。直接转矩控制的思想非常简单，计算在静止定子坐标上实际磁链和转矩与给定值的误差，通过滞环比较从离散的优化矢量表中选择合适的电压矢量，从而获得快速的转矩响应，是一种高性能闭环控制策略。直接转矩控制的是定子磁链，只需要定子参数即可观测，对转子参数不敏感，它的缺点是由于砰砰控制的非线性以及矢量表的离散性，在稳态尤其是低速时性能较差。直接转矩控制采用电磁转矩闭环结构将电动机和逆变器作为一个整体，利用空间电压矢量直接实现电磁转矩和磁链的控制，并通过对定子磁链和转矩的直接跟踪，实现脉宽调制。

直接转矩控制分为六边形磁链轨迹直接转矩控制（DSC）和圆形磁链轨迹直接转矩控制（DTC）两种类型。DSC 是将定子磁链轨迹控制为六边形，即逆变器产生的六个基本空间电压矢量通过一定次序组合作用于电机，在定子绕组中就会产生六边形磁链轨迹。将零电压矢量加入到次序组合中，通过基本空间电压矢量和零电压矢量的交替作用来实现电磁转矩的两点式控制。DSC 策略在 1/6 周期仅使用一种基本空间电压矢量，有利于减小功率器件的开关频率，适用于大功率场合。DSC 的缺点是转矩脉动和噪声比较大。DTC 是将定子磁链轨迹控制为圆形，将电压矢量所在的 360° 空间按照一定的规律分成 N 个扇区，每一个扇区中选择一定数量的电压矢量，并判断这些电压矢量对电磁转矩和定子磁链幅值的控制效果。DTC 策略的开关频率比 DSC 要高，一般用于中小功率高性能场合，DTC 有效减小了电机损耗、转矩脉动和噪声等，但是在低速时的转矩脉动问题一直是其弱点。ABB 公司的低压变频器 ACS800 系列，中压变频器 ACS1000、ACS2000、ACS5000 以及 ACS6000 都采用 DTC。

（5）模型预测控制　模型预测控制（MPC）是在20世纪70年代中后期产生的一种新型的计算机控制算法，在工业过程控制领域已经具有良好的实践经验。1983年，Holtz教授首次将模型预测控制的思想应用于电机控制，并取得了良好的效果。MPC的控制思想简单，能对一些多变量多约束条件系统进行控制，但是计算量比较大，受当时硬件条件的限制并未得到广泛关注。2000年以后，随着低成本高性能处理器的发展，MPC成为研究热点，但目前并未在变频器中广泛应用，只有ABB公司的中压变频器ACS6080采用模型预测脉冲模式控制（MP3C）。

模型预测控制技术在处理非线性系统复杂约束优化方面表现出极大的优势，可以对多输入多输出（MIMO）系统进行滚动优化控制，且容易施加约束。目前，基于MPC的控制技术主要可以分为连续控制集模型预测控制（CCS-MPC）和有限控制集模型预测控制（FCS-MPC）。

CCS-MPC分为广义连续集模型预测控制（GPC）和显式连续集模型预测控制（EMPC）。GPC的出现时间较早，但计算量很大，求解困难。为解决GPC的缺点，又提出了EMPC。但是随着预测步长的增加，EMPC分区数目又会明显增加，消耗大量的存储空间，查表的工作量和难度也会增加。

FCS-MPC解决了CCS-MPC的缺点，有效地减少了计算量和逆变器的开关频率。FCS-MPC根据控制量的不同，可以分为模型预测电流控制（MPCC）和模型预测转矩控制（MPTC）。MPCC不需要对转矩和磁链进行估算和预测，计算量较小，可以通过提高采样频率或者增加预测步长提高系统性能，根据每个控制周期采用的有效基本电压矢量数目的不同，分为单矢量模型预测电流控制（M1PCC）、双矢量模型预测电流控制（M2PCC）和三矢量模型预测电流控制（M3PCC）等。而MPTC除了需要对转矩和磁链进行估测外，还需要平衡转矩和磁链之间的控制性能，使MPTC灵活性受到影响，在价值函数中设置合适的加权因子，通过调整加权因子来适应不同指标。虽然MPCC和MPTC有诸多不同，但是由于电压矢量优化过程的相似性，且两者均采用非线性预测控制器代替传统控制策略中电流内环的PI调节器，控制方法具有较大程度的通用性。

目前，模型预测控制研究的热点有：

1）设计代价函数。MPC价值函数可以包含多个控制目标、变量与约束条件，并且能够同时实现控制。

2）减小计算量。通过这种方式可以在控制典型变量（如电流、转矩或磁通）的同时，添加降低共模电压、降低开关频率或减小零序电流等附加控制。

3）多矢量 MPC。采用多矢量可以解决传统 MPC 在一个采样周期内只作用一个电压矢量，且长度和幅值均固定，从而导致控制量脉动较大等问题。

4）增加参数鲁棒性。主要有模型参数辨识、构造扰动观测器两种具有较强参数鲁棒性的方法。增加参数鲁棒性控制后，取得了良好的效果。

（6）鲁棒控制　鲁棒控制中的典型代表是 H ∞控制，它本质上是一种优化控制方法，研究的是从外界干扰到系统性能指标之间的传递函数的 H ∞范数优化问题。鲁棒控制主要针对线性系统，非线性系统使用得较少，另外其设计出来的结果比较保守，但作为一种处理对象具有不确定性尤其是结构不确定性的方法，鲁棒控制在电机控制中呈现出良好的应用前景。

内模控制（Internal Model Control，IMC）是一种鲁棒控制方法，是基于过程数学模型进行控制器设计的新型控制策略，具有实用性强、结构简单、设计直观、不需要精确的对象模型、在线调节参数少及调整容易等优点。IMC 对于鲁棒性、抗干扰性的改善和对大时滞系统的控制效果尤为显著，也为非线性系统的控制提供了一条有效的途径。由于具有良好的跟踪性能和抗干扰能力，并对模型失配有一定的鲁棒性，IMC 在工业过程控制中获得了越来越广泛的应用。此外，IMC 还和许多其他控制方式相结合，如内模控制与模糊控制，内模控制和自适应控制，内模控制和最优控制、预测控制的结合使内模控制不断得到改进并广泛应用于工程实践中，取得了良好的效果。

IMC 原理如图 2-31 所示。如果内模建模精确，即 $G(s)=\hat{G}(s)$，则系统不存在反馈环节，此时系统传递函数为 $G_C(s)=G(s)C(s)$。只有当且仅当 $C(s)$、$G(s)$ 稳定时，才能保证系统稳定。

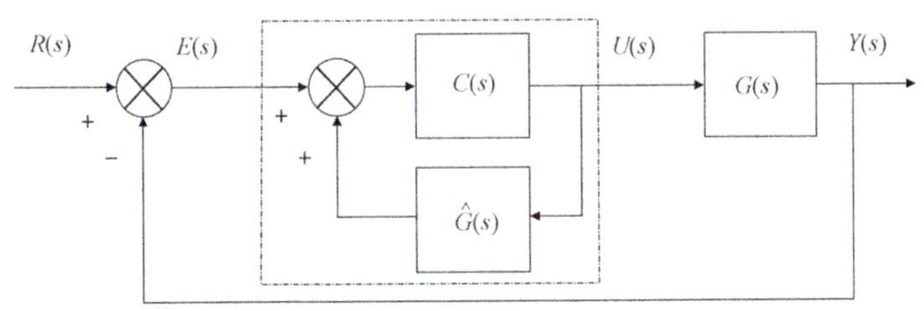

图 2-31　内模控制原理

$G(s)$—系统模型　$\hat{G}(s)$—内模，$C(s)$—控制器

（7）反馈线性化控制　反馈线性化控制是基于微分几何的一种控制方法，近年来在电机领域得到了广泛应用。通过内环适当的坐标变换与非线性反馈，可以实现系统非线性的精确对消，理想情况下可以达到完全解耦的效果。反馈线性化是将电机的数学模型转化为仿射非线性模型，通过对调速系统的非线性坐标变换和非线性状态反馈，实现系统的输入输出线性化和动态解耦，将非线性异步电动机系统分解成励磁环和转矩环两个独立的线性单变量系统，按照单变量线性系统常规工程设计方法对两个子系统的调节器进行设计，使系统达到最佳控制性能。调节器参数的整定依赖于电机参数，电机在运行过程中的参数变化会影响调节器的初始整定效果和控制系统的鲁棒性，因此反馈线性化控制受到电机参数精度的限制。这种方法的主要缺点是存在参数变化的鲁棒性问题，实际存在的各种扰动难以估计，精确的线性化难以实现；另外控制规律比较复杂，实现困难。目前反馈线性化方法的价值主要体现在理论指导意义上。

（8）滑模变结构控制　滑模变结构控制也是一种自适应的非线性控制方法，与常规控制方法的根本区别在于控制的不连续性，具有使系统结构随时变化的开关特性。其主要特点是采用离散的控制策略，根据被调量的偏差及其导数，有目的地使被控系统在滑模面上运动。这种滑动面是可以设计的，且与系统的参数及扰动无关，因而使系统对外界干扰和系统摄动具有很强的鲁棒性，同时还可以有效地降低系统的阶数，有利于简化控制。另外，滑模变结构控制不需要任何在线辨识，所以很容易实现。滑模变结构控制在实际应用中的一个主要缺点是开关函数切换的滞后引起系统抖动，使得系统的稳态精度变差，这种情况在重载条件下更为突出。如何在实现去抖的同时仍然保证足够的参数鲁棒性和状态收敛速度，是滑模变结构控制在实际应用中必须要解决的问题。

（9）自抗扰控制（ADRC）　ADRC 是我国中科院系统科学研究所韩京清教授在 20 世纪 90 年代末提出的一种针对非线性、不确定性系统的控制方法。它继承了 PID 控制器不依赖于系统精确模型的优点，利用非线性结构克服了抗干扰能力差、易受系统参数变化影响等经典 PID 的缺陷。其实质是将系统的模型扰动、参数摄动和测量噪声等作为系统的总扰动统一处理，采用前馈补偿的方法将扰动加到系统模型的输入端，从而将具有非线性、不确定对象的控制系统补偿为确定、简化的积分串联型线性系统。

自抗扰控制器主要由跟踪微分器（TD）、扩张状态观测器（ESO）和非线性状态误差反馈（NLSEF）控制律三部分组成。其核心是扩张状态观测器，在这个观测器中，系统的模型和扰动处于平等地位，均可用扩张状态观测器估计出实时作用量而加以补偿。扩张状态观测器将含有未知扰动的非线性、不确定对象用非线性状态反馈转换为积分串联型，即对非线性、不确定对象实现反馈线性化。在此基础上设计控制器，可有效加快收敛速度，提高控制系统的动态性能，是一种解决非线性、不确定系统控制问题的强有力手段。

由于高阶的ADRC计算量很大，收敛较慢，而异步电机控制的实时性要求较高，因此适宜采用低阶ADRC或其的组合，以提高响应速度和控制效率。通过将ADRC理论应用到异步电机转子磁场定向矢量控制中，将电机模型中的耦合项和参数摄动视为系统扰动，采用扩张状态观测器进行观测并加以补偿，简化了系统结构，提高了响应速度。针对异步电机矢量控制系统的参数不确定性，提出了一种自抗扰控制器实现异步电机变频调速的新型控制结构，引入了中间变量及等效变换，实现了非线性异步电机变频调速系统的实时动态线性化，减小了电机参数时变对系统动静态性能的影响。

为提高系统的收敛速度和控制精度，ADRC典型模型中普遍应用了非线性环节。由于非线性运算较多，计算量很大，对系统硬件的计算能力提出了较高的要求，增加了实时控制的难度。另外，ADRC中涉及的参数较多，其控制性能很大程度上取决于参数的选取。如何调整选择众多参数，使控制器工作于最佳状态是ADRC应用中的一个难题。

（10）智能控制　智能控制理论主要有模糊控制和人工神经网络理论。

模糊控制就是基于模糊推理模仿人的思维模式，对难以建立精确数学模型的对象实施的一种控制，它包括精确量的模糊化、模糊推理和模糊判决三部分。基于模糊控制的矢量控制是智能控制与矢量控制结合较为成功的一种控制方式。模糊控制在电机控制系统中的典型应用有：用于电机速度控制的模糊控制器、在电机模型及参数辨识中的应用和基于模糊逻辑的异步电机效率优化控制等。

模糊控制中，量化因子、比例因子以及隶属度函数的选取对系统性能的影响较大。一旦这些条件被确定，当对象的参数和外部扰动变化时，控制效果就会变差。因此将模糊控制与其他控制策略相结合，通过它们的互补来提高模糊控制的控制效果、静态稳定性和动态性能是当前研究的热点。将模糊控制与滑模变结构控制相结合，同时进行转速和定子电阻的辨识；在异步电机直接磁场定向控制的基础上提出了一种新型的PI模糊控制器的设计方法，采用模糊和PI共存，在负载模型参数大范围变化和非线性因素存在时仍能保持良好的动态性能。

人工神经网络理论是主要的智能控制方法之一。它模拟人的大脑神经生物结构，可趋近任何非线性函数，有效解决非线性系统建模难的问题，具有较强的容错和数据处理能力，并能对知识环境提供的信息进行学习和记忆。因此，将人工神经网络应用于异步电机控制可以充分发挥上述优点。在异步电机调速系统中的应用研究主要集中在代替传统的 PID 控制、转子磁链观测及转速辨识、电机参数的在线辨识等方面。虽然将智能控制技术应用在异步电机调速系统中，可以克服电机参数时变和非线性因素对系统性能的影响，但离真正产品化还有一段距离，目前大多数文献都是基于仿真的研究，对于智能控制系统稳定性和鲁棒性的研究目前还不成熟。虽然相对简单的单神经元控制系统可以应用非线性控制理论中的 Popov 超稳定性、Lyapunov 稳定性定理来分析，但是对于更复杂的智能控制系统的稳定性问题还有待进一步的探讨和研究。

2. 关键控制技术

电机控制中的关键技术包括调节器、观测器（包括磁链、速度等）以及参数辨识等。

（1）调节器　PID 调节器是一种线性控制器，它根据给定值与实际输出值构成控制偏差，将偏差的比例和积分通过线性组合构成控制量，对被控对象进行控制。PID 控制原理图如图 2-32 所示。

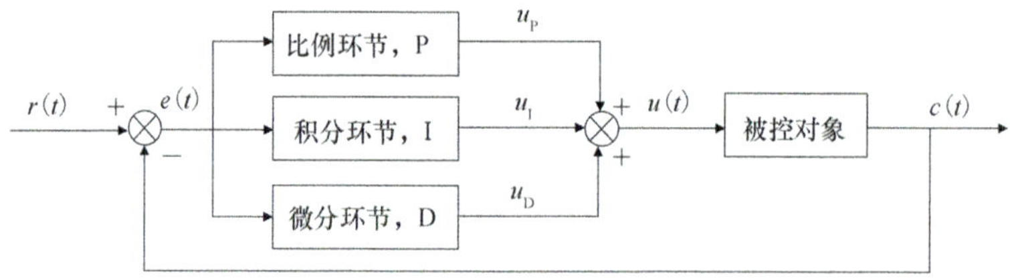

图 2-32　PID 控制原理图

传递函数可以表示为

$$F_{PID}(s)=K_P+K_I\frac{1}{s}+K_Ds$$

比例调节作用：按比例反映系统的偏差，系统一旦出现了偏差，比例调节立即产生调节作用，以减小偏差。比例作用大，可以加快调节，降低误差，但是过大的比例使系统的稳定性下降，甚至造成系统的不稳定。

积分调节作用：使系统消除稳态误差，提高无误差度。有误差就进行积分调节，直至无差，积分调节停止，积分调节输出一常值。积分作用的强弱取决于积分时间常数 K_I。K_I 越小，积分作用就越强。反之，K_I 大则积分作用弱，加入积分调节可使系统稳定性下降，动态响应变慢。积分作用常与另两种调节规律结合，组成 PI 调节器或 PID 调节器。

比例谐振（PR）调节器的传递函数可以表示为

$$F_{PR}(s)=K_P+\sum_{h=1}^{h}K_{Ih}\frac{s}{s^2+\omega_h^2}$$

式中，ω_h 为谐振频率；K_{Ih} 为谐振积分时间常数。

可以看出，PR 调节器对于谐振频率附近的交流输入有着很高的增益，特别是对于谐振频率的给定值，其开环增益无穷大。这意味着在闭环控制中，采用 PR 调节器可以减小对谐振频率附近交流给定量进行闭环控制的稳态误差，并可以实现对谐振频率点给定量的稳态无差跟踪。谐振调节器起作用的频率带宽由 K_{Ih} 决定，当 K_{Ih} 较小时，带宽较小；反之，当 K_{Ih} 较大时，带宽较大。取 $h=1$，$\omega_1=0$，则 PR 调节器将退化成 PI 调节器。从上述 PR 调节器的特性可以得知，此时的 PR 调节器只能对频率为 0 的直流给定量进行无差跟踪，而对于其他频率的交流给定量只能实现有差跟踪，这与 PI 调节器的特性是一致的。

可以看出，PI 调节器是 PR 调节器的一种特例，只适用于对直流给定量的闭环控制。作为一种性能优良的控制器，PR 调节器近年来得到了国内外众多学者的关注。由于 PR 调节器可以在静止坐标系下直接对各次频率的交流给定量进行闭环无差跟踪，省去了通常对交流量所做的旋转变换，大大减少了控制计算量。这对于单相电流控制等非三相对称系统和有源滤波等需要进行大量、不同旋转速度变换的多频率系统的控制是非常方便的。

（2）观测器　要实现变频器对交流电机的高性能控制，磁链的准确获取是系统获得良好动态性能和稳态性能的关键。目前异步电机主要的磁链观测器有基于电机的开环观测模型、降阶磁链观测器、全阶磁链观测器、滑模观测器和扩展卡尔曼观测器等几种。

磁链开环观测模型主要包括电压模型法、电流模型法以及组合模型法。电压模型法利用定子电压方程通过积分获得定子磁链和转子磁链，算法简单，受电机参数变化影响小，并且不需要转速信息。但低速时，在定子电阻电压降作用下，该方法的观测精度较低，纯积分环节的误差积累和漂移问题严重，可能导致系统失稳。该方法在中高速的合理范围内的变频器中广泛使用。电流模型法利用定子电流和转速作为输入计算转子磁链，与电压模型法不同之处在于电流模型法使用了转速作为输入信息，此外还用到转子时间常数，该参数受温度和磁路保护影响变化明显。该方法不涉及纯积分项，观测值是渐近收敛的，同时低速时的观测性能强于电压模型法。组合模型法考虑到电压模型和电流模型的各自特点，在高速时让电压模型起作用，在低速时让电流模型起作用，通过截止频率相等的高通和低通滤波器实现两模型的平滑过渡。

开环磁链估计方法结构简单、实现方便，但由于模型中缺少对各种干扰的抑制，精度受参数变化和外来干扰的影响较大，鲁棒性较差。基于误差反馈的状态观测器可以提高状态估计精度以及观测器的稳定性，这种转子磁链观测器实质上由两部分组成：①开环观测模型，一般为电压模型或电流模型；②误差反馈环节。异步电机的可测量定子电压、定子电流或定子电流的时间导数，可由转子磁链的估计值根据数学模型重构出来，形成它们的估计值。实测值和估计值之差通过与其相应的误差校正矩阵 $\boldsymbol{G}$ 构成转子磁链观测器的误差校正环节。基于误差反馈的状态观测器收敛速度和估计精度可以直接控制，如果电机参数和转速均能保证有较高的测量精度，那么它可达到较高的估计精度，同时也具备理想的收敛速度。然而，当电机参数和转速存在较大测量偏差时，必须在收敛速度和估计精度之间进行折中，基于误差反馈的转子磁链观测器对来自电机参数变化等干扰的鲁棒性没有得到显著提高，属于异步电机降阶状态观测器的范畴（见图 2-33），因为它仅对转子磁链进行估计，而对其他状态变量（如定子电流）未做估计。由于观测噪声不可避免，而普通的降阶状态观测器对定子电流检测中含有的噪声往往无能为力，从而削弱了降阶状态观测器的抗干扰能力。

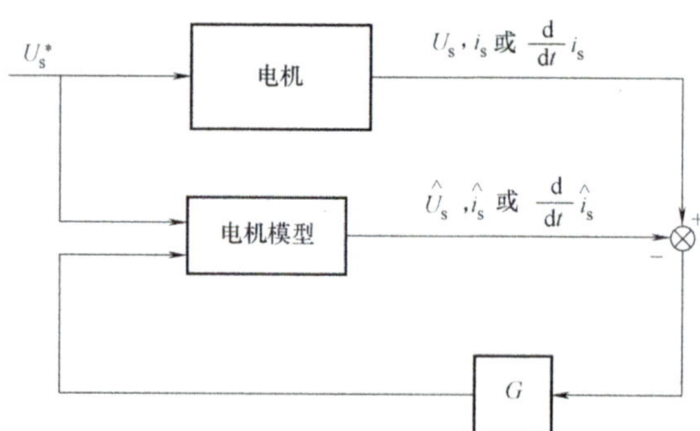

图 2-33　降阶磁链观测器原理图

上述方法存在的问题在全阶状态观测器中是可以解决的，因为对可检测变量进行估计相当于引入了一个状态滤波器，使状态观测器对来自状态检测噪声的干扰具有较强的鲁棒性。全阶观测器原理图如图 2-34 所示，根据龙贝格状态观测器的理论，可以通过选择合适的增益矩阵保证系统收敛。

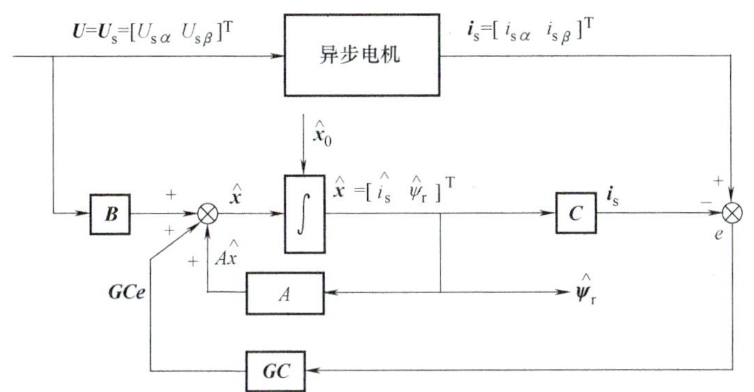

图 2-34　全阶观测器原理图

滑模观测器基于变结构控制理论和电机模型构建，借助滑模变结构控制理论构造开关函数，并将其作为滑模控制函数，选择滑模超平面并将其作为滑模控制函数的自变量，在保证系统出现滑动模态的前提下采用等效控制法求解，再通过推导运算最终得到转子位置信息，从而辨识出电机转速。这种方法与传统意义上转速辨识方法的本质区别是不连续控制，即控制系统的结构相对灵活，并随着时间的变化而变化，这种控制特点使得系统在滑动模态的状态下沿规定的路径做高频率、小幅度的上下运动，即空间中的状态点在滑模面上下做小幅往复运动，最终趋于稳定。

变频器高性能控制中常用的非线性观测器还有扩展卡尔曼滤波器。扩展卡尔曼滤波器是线性卡尔曼滤波器在非线性系统中的推广应用，算法估计精度高且收敛速度快，本质上是一种全阶随机观测器，通过先验误差-协方差矩阵对非线性动态系统进行实时递推最优状态估计，抗噪声能力很强。

（3）参数辨识　电机参数在电机控制中起着非常重要的作用，尤其是在通用变频器中，参数辨识是必备功能。首先，矢量控制算法中需要用到电机的相关参数，电机运行过程中转速容易受到诸多外在因素的影响，如负载的突然变化、内部温度的升高和结构的老化等，这些不确定性会对永磁同步电机内部绕组的阻值和绕组电感参数产生影响，在一定程度上引起转矩的波动和误差。其次，电机参数通过辨识后，可以根据辨识结果与理论值的比较，诊断电力电子设备存在的问题。

电机参数辨识方法目前主要分为两大类：离线辨识方法和在线辨识方法。当前应用广泛的电机驱动器内部设有参数整定功能，运行原理是在电机运行前对其施加一个激励信号，然后测试电机对这个激励信号的回馈响应，通过检测响应信号将电机参数在驱动器上进行相关设置，从而实现对电机参数的检测。这样得到的只是初始运行参数，无法得到电机运行中变化的参数。如果想实时获得电机参数并且根据参数对控制做出调整，则需要在电机运行中根据电机参数的变化实时调整相关设置。

1）离线参数辨识方法。在电机正常运转之前，根据电机系统本身而不需要额外的设备对其参数进行辨识的方法，称为离线参数辨识方法。基本思想是：在电机起动之前输入特定的电压、电流激励信号，通过驱动器中传感器采集此时电机的电压、电流及角度值等信息，根据模型计算出电机参数。

离线参数辨识的传统方法是空载实验和堵转实验，但获得的参数是粗略的，并不能很好地满足变频器参数设定的需要，况且由于受到现场条件的限制，往往不便于进行传统的空载实验和堵转实验。所以变频器在运行之前有必要对电机参数进行自动辨识。具体做法是：在电机运行之前，变频器执行一套用于检测电机参数的自动程序，对电机施加特定波形的激励信号，此时一般保持电机处于静止状态，检测电机的响应以辨识电机的参数，并将变频器中的电机参数设置好，这称为参数自设定。

2）在线参数辨识方法。电机的参数在运行过程中会因为一些原因发生改变，比如环境变化、工作时间增加等，为了保证电机可以正常有效地运行，需要在其运行的同时辨识并修正参数。参数在线辨识时，通常只对某些关键的参数进行重点辨识，这样既能够保证控制所需，也不会因为计算量过大、计算过于复杂而影响实时性。比如在异步电机中，一般会选取定子和转子电阻、转子时间常数这样的参数。在线辨识首先需要一个模型，这个模型的参数可能在电机的运行过程中逐渐变得不准确，可以通过在线辨识逐步修正，初始模型可以通过参数离线辨识获取。随着系统辨识理论、现代控制理论和智能算法的发展，国内外学者将各种简洁高效的算法应用于在线辨识。目前几种主流辨识算法主要有最小二乘法、模型参考自适应法、基于闭环观测器的参数辨识法、扩展卡尔曼滤波算法以及智能算法。

a. 最小二乘法。最小二乘法（GLS）很早就在电机参数的辨识中广泛应用，其原理在于利用设定参数来计算系统的状态变量和待观测变量，并将观测结果和系统的实际输出结果相减，计算差值的二次方和。当改变设定参数值使得差值二次方和达到最小时，实际系统的参数值就是设定的参数值。这种方法的计算原理简单而且具有一致性和无偏性，因此在系统控制和参数辨识中得到广泛应用。考虑到最小二乘法计算时处理的数据量比较大，并且进行辨识要基于可测量的输入输出量，故在实际在线参数辨识中适用性较差。

b. 模型参考自适应法。模型参考自适应（MRAS）法目前在电机参数辨识中应用十分广泛。其基本原理是：以含有待定参数的方程为可变模型，以参数均已知的方程为参考模型，两个方程模型输入输出量的实际意义相同。通过对比可变模型和参考模型的输出量，设计出以输出误差最小为目标的自适应律，对可变模型中的待定参数值进行不断调节，最终当可变模型与参考模型的输出结果基本相同时，可变模型中的未知参数就能够收敛到实际值。与其他方法相比，该算法系统结构简单，自适应律的设计较为容易，而且结果也易于收敛。

c. 基于闭环观测器的参数辨识法。在闭环观测器系统中，电机参数在线辨识通常伴随着磁链观测或速度估计发生。基于模型参考自适应的定子磁链观测器不必预先知道电机的任何参数值，并且运行时电机参数发生改变而引起的观测误差也是收敛的。Pavel Vaclavek 基于 Lyapunov 方程对观测器设计方法和算法的稳定性进行了研究。尽管参考模型自适应系统在定子电阻在线辨识中已取得了很多成果，但仍存在一些尚未解决的问题，特别是全局稳定性理论还需要进一步完善。

d. 扩展卡尔曼滤波算法。它是通过利用系统随机状态空间模型来进行迭代运算的算法，能够实现多变量输入、多变量输出（MIMO）系统中可测状态的最优化估计。该算法是将建模误差、测量误差以及计算误差作为系统噪声和测量噪声并将其设定为白噪声处理，从而通过最小化估计误差 - 协方差的值来实现最优化状态估计。由于卡尔曼滤波算法是应用于线性系统的最优化估计理论，因此在应用中一般使用扩展卡尔曼滤波的方法进行电机参数辨识，可以解决辨识中存在的对噪声比较敏感的问题，并可以同时辨识电机的运行状态和参数结果。但是这种算法的运算量比较大，在迭代运算的过程中要进行复杂的矩阵和矢量运算。除此之外，当该方法应用于电机参数在线辨识中时，电机的数学模型需要进行很多处理才可以使用，尤其是当多个参数同时进行辨识时，把参数转化为状态变量的处理过程比较复杂，算法过程中参数矩阵的设计在高阶多参数运算中难度较大。

e. 智能算法。这一类包括很多种算法，如神经网络算法、遗传算法、模拟退火算法和粒子群算法等，近年来越来越多地在永磁同步电机参数辨识中应用。在算法实际设计中，首先要根据数学模型的阶数来决定神经网络的结构，然后根据神经网络的输入和输出来实现系统学习，学习是以误差函数最小为准则来获得系统的最终输入输出之间的关系，其中的权值就包含了辨识参数的信息。智能算法一般在解决复杂的工程问题方面有良好的效果，用于参数辨识时，算法结构更贴近真实系统，能获得良好的辨识结果，但模型构造复杂，计算量大，很难实际应用。

3. 交流电机无位置传感器控制技术

（1）异步电机无速度传感器　异步电机无速度传感器算法主要包括基于电机模型和基于电机各向异性特性两大类测算方法。基于电机模型的方法包括开环观测方法和基于闭环观测器的方法。基于电机各向异性特性方法包括转子齿谐波检测、互感饱和效应、转子凸极效应以及转子漏感脉动检测等几种方法，除了转子齿谐波检测以外，其他三种方法都需要信号注入，如图 2-35 所示。

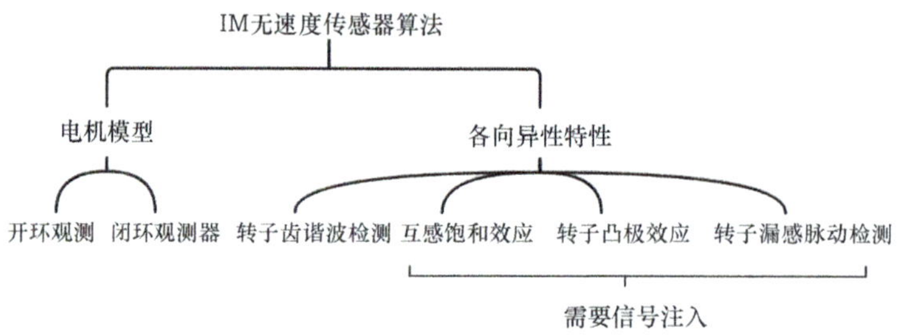

图 2-35　异步电机无速度传感器算法

1）基于电机模型的测算。基于电机模型的开环观测方法，通过所构建的磁链电压模型或电流模型计算得到转速。这种方法简单、易于实现，但因为系统中没有状态反馈，无法对转速进行闭环校正，因此开环观测方法对测量噪声和电机参数误差非常敏感，实际中很少采用。

闭环观测器方法通过引入状态反馈，可以大大提高转速估计的精度和稳定性，常用的闭环观测器方法包括模型参考自适应、全阶观测器、滑模观测器和扩展卡尔曼滤波器法等。模型参考自适应方法应用非常广泛。该方法采用两个不同的模型，一个作为参考模型，另一个作为可调模型。利用两个模型输出之差作为转速估计的输入，最后将估计出的转速输入至可调模型中进行调节，目的是使两种电机模型的输出误差收敛至零，如图 2-36 所示。一般结合磁链观测器，把电压模型作为参考模型，电流模型作为可调模型。

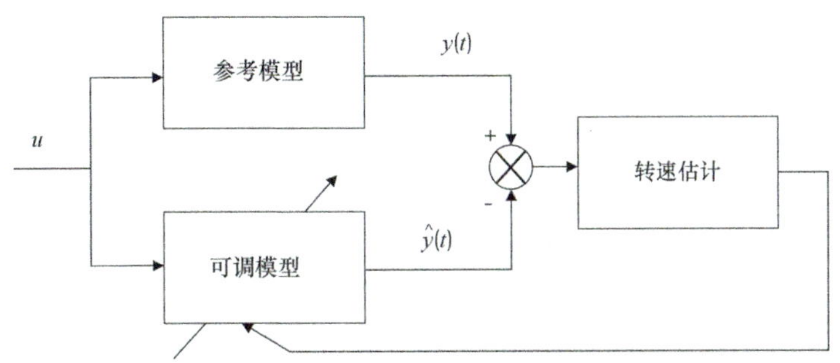

图 2-36　模型参考自适应原理图

全阶观测器实际是模型参考自适应方法的一种。该方法把电机作为参考模型，构建感应电机的可调模型，通过自适应机构估计转速。该观测器主要由磁链状态观测器和转速自适应机构两部分构成，通过选取合适的增益矩阵实现磁链和转速的观测，如图 2-37 所示。

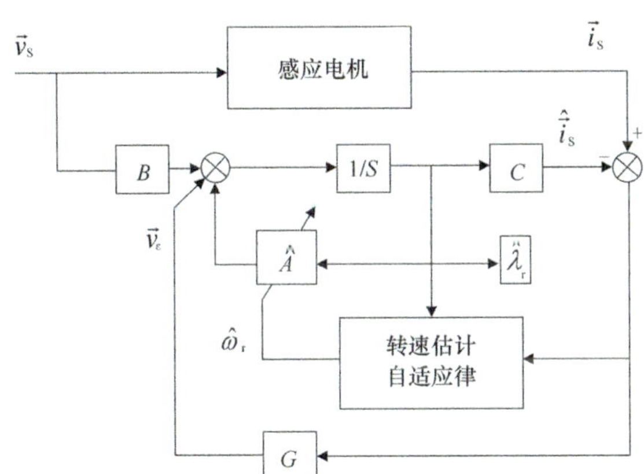

图 2-37　全阶观测器原理图

2）基于电机各向异性特性的测算。基于齿谐波检测的转速估计方法是通过检测定子和转子齿槽在电机内部气隙中产生的齿谐波，并通过提取定子电流或反电动势中含有转速的信息，经过计算辨识出电机转速。该方法不依赖电机模型，但在低速段性能一般且鲁棒性能较差。

基于转子漏感脉动检测的转速估计方法是通过检测电压矢量在感应电机零序电流上的谐波，同时考虑感应电机饱和效应会造成转子漏感发生变化的机理，最终计算出转子磁链的位置信息，进而估计出转速。

转子凸极效应法对电机转子的结构进行了改造，人为地增强了凸极效应，并通过在改造后的定子侧注入高频信号估计电机转速。在感应电机接线端注入一个高频电压信号，该信号三相平衡，由此使得电机出现人为造成的不对称性，并在其内部产生一个磁凸极，通过检测该磁凸极可以测算出电机转速。该方法对感应电机的参数和运行状态没有任何要求，可以在电机运行于极低速甚至是零速时准确估计转速，且计算量较小。然而，这种方法对感应电机的结构要求非常高，被测电机必须具有较高程度的凸极特性。

（2）永磁电机无位置传感器　永磁电机无位置传感器方法主要包括中高速下基于电机模型的方法和低速下基于电机凸极或者饱和特性的方法。

中高速下基于电机模型的方法都是通过反电动势模型方法获得，其无法在低速下工作，有开环和闭环两种方法。开环方法主要包括直接计算法、反电动势积分法和扩展反电动势法等。直接计算法是直接根据电机在静止坐标系下的电压方程计算得到转子估计转速及位置信息。这种算法所需要的参数均可以通过采样直接获得，原理简单，计算简便，动态响应快。但由于该方法用到电机参数，且计算过程涉及电流的微分项，容易受外界噪声扰动以及电机参数变化的影响，因此鲁棒性较差，不适用于高精度控制场合。反电动势积分法是计算电机稳态运行时的定子磁链相角得到转子位置，而定子磁链可以通过反电动势积分的方法得到，但该方法存在积分漂移问题。扩展反电动势法是通过构造凸极电机的扩展反电动势项，通过扩展反电动势获得转子位置和速度信息。上述开环方法原理简单，但因都不存在闭环校正环节，易受电机参数变化和扰动的影响，算法的精度和稳定性都不高，实际变频器中很少采用。

目前，主流变频器中广泛使用闭环观测器法，包括模型参考自适应、降阶滑模观测器、全阶龙贝格滑模观测器以及扩展卡尔曼滤波器法等。和异步电机类似，模型参考自适应控制的主要思想是将含有待估计参数的方程作为可调模型，将不含未知参数的方程作为参考模型，两个模型具有相同物理意义的输出量。两个模型同时工作，并利用其输出量的差值根据合适的自适应率来实时调节可调模型的参数，以达到控制对象的输出跟踪参考模型的目的。可采用和异步电机相同的电压模型和电流模型分别计算定子磁链方法进行转速观测。永磁电机无位置传感器方法中，基于定子电流模型的参考自适应方法被更广泛地采用。这种方法利用电机本身作为参考模型，以构造的数学模型作为可调模型，进行转子位置观测。

降阶滑模观测器基于观测电流与实际电流间的误差来设计，并由电流的误差来重构电机的反电动势，估算转子速度。

永磁电机扩展卡尔曼滤波器法是线性系统的控制方法在非线性系统的扩展，属于迭代形式的算法，能根据系统差值反馈对系统状态进行校正。扩展卡尔曼滤波器法能消除外部扰动及系统噪声，具有较强的抗干扰性，但是该算法的计算过程较复杂，计算量较大。

基于高频信号注入法的无速度传感器控制算法，提高了低速区无速度传感器控制性能。高频信号注入法包括电压注入法和电流注入法，常用的控制算法有 R.D Lorenz 提出的高频旋转电压注入法和 S.K.Sul 提出的高频脉振电压注入法。其中高频旋转电压注入法更易实现，但需要电机具有较大的凸极性，不适用于凸极性较小的内置式永磁电机或表贴式永磁电机。根据注入的电压类型，高频脉振电压注入法又分为脉振正弦波电压注入法和脉振方波电压注入法。高频脉振电压注入法结构更简单，性能更好，由于不依赖于电机的结构凸极性，适用于更多应用场合。

有三种方案被提出，以减少系统中滤波器的使用。①在高频旋转电压注入的基础上，用高通滤波器代替带通滤波器和带阻滤波器，采用将磁场定向控制周期与高频信号注入周期分离的注入方式，避免系统中使用滤波器；②高频脉振方波注入法，减少提取估计转子位置误差时低通滤波器的使用，同时提高注入信号的频率；③无须滤波器的高频信号提取方式，进一步提高了系统带宽。

2.4 变频器产品发展现状

2.4.1 发展现状

高电压大功率风机、水泵的调速一般可以采取电机转子侧调速和电机定子侧调速两种方式。电机转子侧调速是在转子侧采用串级调速方式，调节开关器件的移相角，从而改变转差功率来达到调速的目的。此种方式需外接变压器，目前国内外广泛使用的串级调速系统采用转子回路串入直流附加电动势的方法，通过改变附加电动势幅值和相位的大小实现调速。这种方法可以实现无级调速，调速装置的总效率可以达到 90%，调速范围不大时，装置需要的容量较大、耐压较低。串级调速系统功率因数不高，谐波含量大。电机定子侧调速是在定子侧采用变频调速方式进行速度调节，通常是通过变频装置调节施加给电机定子侧的电压幅值与频率大小来达到调速的目的。该方案已成为高压大功率风机、水泵调速的主流方式。

随着生产水平的不断提高，所需调速系统的容量不断增大，与之对应的工艺要求也越来越高，特别是对电力质量提出了更高的要求，级联式多电平变频器的研究逐渐成熟。从拓扑结构上说，多电平变频器主要有二极管钳位式多电平变频器、电容钳位式多电平变频器、级联式多电平变频器等。控制方法上有 V/F 控制、矢量控制和直接转矩控制等。从技术应用方面而言，高压变频调速技术是现有大电机应用领域占绝对优势地位的调速技术。无速度传感器控制、功率单元均衡控制、功率单元与变频器故障自旁路等技术已在高压变频器成熟应用。

高压级联式变频器的技术优势比较明显，级联变频器输出稳定，输出谐波量低。现有的级联变频器也有采用三电平功率单元进行串接来输出高电压的，其优势特点如下：

1）具有多种输出电平，可以对输出波形进行优化。

2）低 du/dt 输出，开关损耗低，使中等功率的开关器件可应用于高电压场合。

3）级联型变频器具有冗余特性，各级联单元独立工作，从原理上各器件的利用率可以达到一致。

4）采用多脉波整流，降低了输入电流的谐波，减少了对环境的污染。

5）不需要输入、输出滤波器或输出变压器，直接实现高电压输出。

6）可以工作在较低的开关频率下，降低了开关应力。

7）安全性更高，母线短路的危险性大大降低。

8）故障产生后，系统对故障可做出在线判断和快速动作。当某单元发生故障后，系统将之“短路”后仍可继续运行，即“小旁路”技术。

9）易于模块化和扩展，每个单元电路结构相同，易于模块化生产，并可互换。

高压级联变频器拥有众多的技术特点和工程化优势，目前在市场上得到广泛应用，占据了绝大部分市场份额；中压变频领域目前以级联多电平方式发展最为迅速。

国外各大品牌的变频器生产商已形成了不同的系列化产品。而现有产品和研究的大部分内容都是基于H桥两电平功率单元的高压级联变频器，这种变频器所需要的单元数量多，仍然存在着 d*u*/d*t* 较大的问题。目前ABB高压变频器采用非H桥级联五电平功率单元电路拓扑。

（1）国外发展情况　过去的近10年里，德国、法国和日本等发达国家对变频调速市场进行了大力开发，IGBT与IGCT作为元器件的兆瓦级中压大功率变频器已投放市场。美国、德国和瑞士等国家的一些大型电气公司相继推出了具有更少功率单元的相应产品，比如ABB公司的ACS系列以及德国西门子公司的SIMVERT系列等装置。在大功率交-交变频调速技术方面，法国阿尔斯通已能提供单机容量达8MW的电气传动设备用于船舶推进系统。在大功率无换向器电机变频调速技术方面，ABB提供了单机容量为16MW的设备用于抽水蓄能电站。在小功率交流变频调速技术方面，日本富士的BJT变频器最大单机容量可达700kV·A，IGBT变频器已形成系列产品，其控制系统也已实现全数字化。

（2）国内发展情况　我国在高压大功率变换器方面的研究和应用比较落后，相对于国外同行业仍有很大的差距。在过去的十几年中，国内大容量变频器主要以晶闸管为核心，并已经国产化，例如晶闸管直流传动装置、晶闸管交-交变频装置等。但这些装置都具有装置复杂、价格高、控制性能差和对电网污染大等缺点。

国内市场上的高压变频器类型大致有三种：

1）罗宾康型级联式高压变频器。这是占据市场份额最大的一种变频器。这种变频器采用移相变压器整流，多以两电平功率单元级联方式输出电压，适用性强，简洁，利于工程化推广。

2）直接多电平输出变频器。以西门子的中压变频产品为代表，南京南瑞曾经推出直接三电平6kV高压变频器。这种变频器通常有二极管钳位型和电容钳位型两种拓扑形式，变频部分采用传统的三点式五电平方式，输出会不可避免地产生较大的谐波分量(THD可达12.8%)，因此在变频器的输出侧装有输出滤波器。根据目前IGCT及中压IGBT的耐压水平，五电平变频器的最高输出电压等级为4.16kV，当输出电压要求6kV时，6kV高压电机可采用Y/△改接的方法，将Y联结的6kV电机改为△联结。但在进行Y/△改接后，电机电压与电网电压不一致，无法实现旁路功能。当变频器出现故障时，要保证生产的正常进行，必须首先将电机改回Y联结，再投入6kV电网。其操作过程复杂，在生产中往往不允许如此长时间操作。

3）IGBT 直接串联输出变频器。该类变频器通过 IGBT 直接串联来达到需要输出较高电压的目的，在一些场合得到了应用。成都佳灵曾经推出这种常规 IGBT 直接串联后直接输出高电压的产品。这种变频器动态均压实现困难，容易因器件分压不均导致系统器件损坏；且由于共模电压和输出谐波的问题，需要在输出侧添置大的滤波器，导致成本升高，系统效率降低。

当前国内市场占主导地位的级联式多电平高压变频器技术方案是采用罗宾康方式的电路拓扑，控制方案均采用全数字化 DSP/CPLD/FPGA 控制模式，单个单元的输出功率大，输出电压的电平数高，波形质量好。在结构上虽更为简洁，客观上输出给电机的电压 du/dt 值小，更有利于电机绝缘性能的提高与对电机轴电流的限制，但整个设备所需的单元数量多。这类多电平单元级联变频器目前有着很好的市场价值和应用时效。多电平单元级联变频器采用多重化的脉宽调制技术，输出波形接近完美正弦波，噪声低、发热少，对负载电机没有特殊要求。采用功率单元化设计，维修简单。一旦功率单元出现故障，可在短时间内进行替换，不会影响生产。利用功率单元旁路技术还可使用户在一个功率单元故障的情况下继续运行，无须立即停机，在系统需要变频器退出运行时可以实时切换到工频运行，大大地提高了系统运行的可靠性。

2.4.2　国内外企业产品发展情况

1.ABB

低压产品：① ACS 510 变频器是风机水泵专用的变频器，主要用在风机水泵的调速以及一些轻载的场合，采用普通的标量控制（即 V/F 控制）。② ACS 550 是通用型变频器，可以适应大部分使用场合以及一些较为重载的场合，采用矢量控制方式。③ ACS 800 是工业级变频器，工业传动系统采用通用直流总线系统，可让多台变频器共用一个电源，应用场合广并且能适应大部分工业现场环境，采用 DTC 直接转矩控制模式。

中压产品：① ACS 1000 变频器是适用于 315kW ～ 5MW 电动机转速及转矩控制的中压变频器。它是采用 IGCT 整流元件的三电平变频器，可实现直接转矩控制，两象限运行。② ACS 2000 变频器为五电平 ANPC，采用高压 IGBT 整流元件，可实现直接转矩控制，两象限或四象限运行。③ ACS 5000 变频器采用单相三电平级联（1级，五电平）结构，可实现直接转矩控制，两象限运行。④ ACS 6000变频器是兆瓦级产品，适用于3～27MW电动机转速及转矩控制，适合大多数要求很高的大功率应用场合。它是采用IGCT整流元件的三电平变频器，可实现直接转矩控制，两象限或四象限运行。⑤ ACS 580MV变频器基于CHB、IGBT，可实现标量控制或矢量控制，四象限运行。

2. 西门子

2012年，西门子推出首款201-SINAMICS V20经济型变频器，以其稳定可靠和Lua自定义脚本助力物流业发展，在市场上得到广大客户的充分认可；2013年推出的SINAMICS V90伺服系统完成了西门子经济型伺服从无到有的突破；2019年，西门子又推出了SINAMICS G120XA矢量型风机泵变频器，定位于基础设施市场，这是中国研发团队主导的第三款针对中国市场的全新变频器产品。西门子中压变频器部分参数见表2-1。

表 2-1　西门子中压变频器部分参数

型号	类型	功率范围	输入部分	输出电压
GH180	采用SINAMICS、PERFECT、HARMONY技术的多单元式电压源变频器（PH VSI）	风冷：最大10MV·A 水冷：最大24.4MV·A	风冷：2Q（DFE） 水冷：2Q（DFE），带部分充电功能	风冷：2.3～11kV 水冷：4.0～11kV
GH150	采用M2C技术的多单元式电压源变频器（M2CVSI）	风冷：4～35MV·A 水冷：4～47.6MV·A	2Q（DFE）	风冷：4.16～13.8kV 水冷：4.16～11kV
GM150	采用三电平的NPC和不可控整流的电压源变频器（DFE-VSI）	风冷：1～10.1MV·A 水冷：2～24MV·A	2Q（DFE）	2.3～4.16kV 6.6kV和多电动机操作
SM150	采用三电平的NPC和可控整流的电压源变频器（AFE-VSI）	风冷：3.4～5.8MV·A 水冷：4.6～31.5MV·A	4Q（AFE）	3.3kV，4.16kV（仅限IGBT）
GL150	采用负载换相变频器技术的电流源变频器（LCI）	风冷：1.4～30MV·A 水冷：6～85MV·A	4Q	1.4～10.3kV
SL150	交-交变频器（CC）	风冷：2.9～18.8MV·A 水冷：12～40MV·A	4Q	1.5～4kV

3.TMEIC

东芝三菱电机产业系统株式会社（TMEIC）成立于 2003 年 10 月，提供 TMdrive 10e2 系列低压交流传动装置和 TMdrive 30 系列、50 系列、70e2 系列、XL 系列以及 MV 系列中压交流传动装置。TMEIC 部分系列变频器参数见表 2-2。

表 2-2　TMEIC 部分系列变频器参数

产品系列	TMdrive-MV 系列	TM-10e2 系列	TM-30 系列	TM-50 系列	TM-70e2 系列	TM-XL 系列
系列分支型号	MVG2 MVe2	TM-10e2 SPR TM-10e2 DP	TM-30	TM-50	TM-70e2	TM-XL55 TM-XL75 TM-XL80 TM-XL85
主电路结构	单元串联多电平	低压专用变频器	三电平	三电平	三电平	五电平
输出电压等级	3.3kV 4.16kV 6.6kV 10kV 11kV	460V 575V 690V	1 140V 1 250V	3.3kV	3.3kV	6kV/6.6kV 3.8kV 7.2kV
最大输出容量	19 500kV·A 5 000kV·A	2 400kV·A	4 000 kV·A	6 000 kV·A	36 000 kV·A	16MV·A 92MV·A 30MV·A 120MV·A
整流元件	二极管 IGBT	IGBT	IGBT	IGBT	IGBT	二极管
逆变元件	IGBT	IGBT	IGBT	IGBT	IGBT	IGBT IGCT GCT 晶闸管
变频器型式	电压源	电压源	电压源	电压源	电压源	电压源

4. 安川

安川于 1974 年推出晶体变频器（VS-616T），产品广泛用于起重、纺织、电梯、陶机和压缩机等领域。截至 2021 年 1 月，安川变频器已累计出货 3 000 余万台。在数字化、信息化背景下，安川提出了“i3 机电一体化”整体解决方案。

1）A1000 系列。它是电流矢量控制通用变频器，是感应电机和同步电机用变频器，采用 V/F、矢量控制，可无传感器定位控制，实现无传感器的同步电机驱动。

2）V1000 系列。它是小型矢量变频器，具有电流矢量控制、高起动转矩和自学习功能。

3）CH700 系列。它是起重用变频器，采用 V/F、矢量控制，最高输出频率为 590Hz，功率范围为 400V 级 0.4 ～ 560kW。它具有轻载增速功能，轻负载时最大可以 6 倍速度运行；内置防摇摆功能；可切换控制 3 台电动机，可防止斜行；提供与变频器进行无线连接和参数云端管理等可有效利用智能手机的新型支持方式。

4）GA700 系列。它是高性能多功能变频器，功率范围为 200V 级 0.4 ～ 110kW，400V 级 0.4 ～ 630kW。使用 EZ 向量控制，支持 MECHATROLINK-Ⅱ、MECHATROLINK-Ⅲ、PROFIBUS-DP、DeviceNet、CC-Link、CANopen、LONWORKS 和 EtherNet/IP 等各种现场通信及工业以太网络。无编码器可输出 200% 转矩，最高输出频率为 590Hz。

5）H1000 系列。它是重载矢量变频器，功率范围为 200V 级 0.4 ～ 110kW，400V 级 0.4 ～ 560kW。

5. 罗克韦尔（AB）

罗克韦尔 2005 年推出配套主动前端（AFE）转换器的无变压器中压变频器解决方案，迄今可提供 PowerFlex® 直流 / 交流变频器，用于低压和中压应用项目。

1）PowerFlex® 6000 系列通用变频器。它满足 2.2 ～ 11kV 变速电动机控制需求，电机电流可达 680A，输出功率范围为 150 ～ 11 000kW（200 ～ 14 600hp）。它使用级联 H 桥（CHB）拓扑结构，内置一体式移相隔离变压器以及各相的串联功率单元。它采用 V/F 控制或无传感器矢量控制，自动功率单元旁路，适用于感应电动机。

2）PowerFlex® 7000 系列专用变频器。它满足各种重工业需求和 2.3 ～ 6.6kV 的配置，电机电流可达 720A，输出功率范围为 150 ～ 6 300kW（200 ～ 8 500hp）。它使用 CSI、PWM 拓扑结构，可选数字量无传感器控制、直接矢量控制或带转速计反馈功能的完全矢量控制。它提供变频器组态集控制选项，如采用 Direct-to-Drive® 技术的主动前端（AFE）以及高效能转矩控制，适用于同步电动机或感应电动机。

6. 利德华福（施耐德）

利德华福创建于 1998 年，2011 年加入施耐德电气集团，提供输出电压 3.3 ～ 13.8kV、输出容量最高达 26MV·A 的产品，包括空冷型、水冷型和四象限能量回馈型高压变频器。

利德华福创建后即确定了“以小模块起步，靠大功率腾飞”的经营指导方针，2002—2005 年相继完成了功率从 1 800kW 到 2 500kW 再到 3 250kW 的跨越，目前可完成最大功率 8 500kW（6kV）、14 000kW（10kV）产品的制造。利德华福的通用变频器应用于火力发电、冶金行业、石油化工、水泥制造、市政处理、采矿行业、能源行业、试验台、船用和其他特殊负载（如透平起动、燃机起动、辅助发电机电源、船用变压器、传动机械装置、风力涡轮机、风洞试验等）。其通用变频器的主要技术参数如下：

功率器件：IGBT、二极管、晶闸管。

逆变形式：H 桥级联型多电平。

驱动象限：双向旋转（两象限）。

电机种类：异步感应电动机、同步电动机、永磁同步电动机。

控制模式：V/F 控制、无速度反馈矢量控制、有速度反馈矢量控制。

利德华福的 HAR3000 系列是能量回馈高压变频器，适用于提升机、下行皮带等四象限负载的异步电动机调速。变频器采用了重过载的元器件配置，具有 150%（参考电动机额定电流）120s、200%（参考电动机额定电流）20s 的高过载能力，能够在低速下输出高转矩；采用 100% 功率 PWM 整流有源前端，最大回馈功率与最大输出功率相同，最大制动转矩达到电动机额定转矩的 2 倍；具有单元旁路功能；具有动态转速识别与旋转起动功能，能够在 1s 内完成对电动机转速的识别和跟踪；采用高性能的编码器速度闭环矢量控制技术，实现低速大转矩起动；可选择主从控制或 droop 控制方式，实现多电动机负载平衡；标配编码器接口卡，具有编码器信号掉线检测功能。

2017 年年底，施耐德电气首个工业数字化运营中心在利德华福投入使用。通过实施数字化解决方案，实现后台研发、产品、运营与前台运营中心、线下服务团队、客户的双闭环贯通。利德华福的全生命周期数字化平台于 2016 年问世，是基于云的高压变频设备管理平台，通过数据分析提供数据监视、报警、设备管理和预测算法，截至 2019 年 12 月已有 1 000 台的客户使用量。利德华福的全生命周期数字化平台如图 2-38 所示。

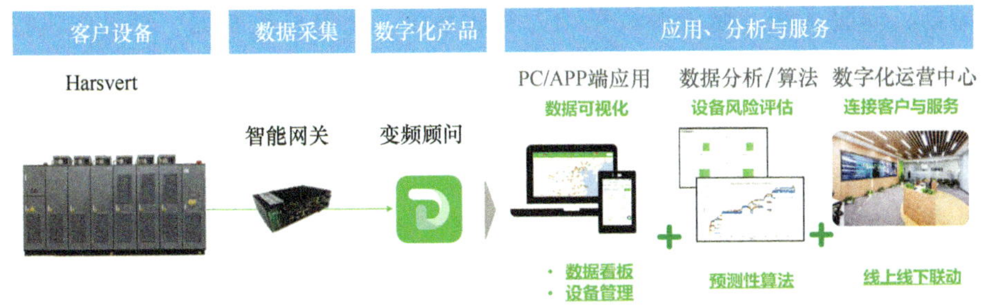

图 2-38　利德华福的全生命周期数字化平台

7. 汇川技术

深圳市汇川技术股份有限公司（简称汇川技术）已发展 18 年，在电机驱动与控制、电力电子、工业网络通信等核心技术方面具有领先优势，涉及通用自动化、电梯电气大配套、新能源汽车电驱 & 电源系统、工业机器人、轨道交通五大类业务，产品包括变频器、伺服系统、控制系统、一体化专机、高性能电机、编码器、工业机器人、精密机械、电驱 & 电源总成系统、牵引系统等产品与解决方案。其中，变频器类产品主要包括 MD 系列通用低压变频器、HD 系列中高压变频器和行业专机等，应用于空压机、起重、机床、金属制品、电线电缆、纺织化纤、印刷包装、塑胶、建材、煤矿、冶金、化工、市政和石油等行业。2020 年，汇川技术的变频器类产品完成收入 35 亿元，同比增长 17.8%，占公司营业收入的 30.4%。

为补齐多传动变频器产品系列，提升多传动平台产品竞争力，汇川技术于 2018 年开始开发经济、易用、灵活和可靠的小功率多传动变频器，截至 2021 年上半年，该产品已进入验证阶段。根据汇川技术的年报，汇川技术将研发目标聚焦在高压变频器和行业专机上，如开发大功率段高压产品；研发 3.3kV 大功率 IGCT 变频器，实现 IGCT 变频器的进口替代；开发经济、易调试和可靠的重工变频器；研发新一代塔机变频器，结合客户需求提供定制化的专机方案。在新的平台软件基础上开发高性能通用变频器。

汇川技术通过提供创新的行业专机或“工控 + 工艺”的综合产品解决方案，在电梯、空压机、纺织、起重、3C 制造、锂电、光伏和新能源汽车等行业确定了领先地位。

8. 英威腾

深圳市英威腾电气股份有限公司（简称英威腾）于 2002 年成立，专注于工业自动化与能源电力两大领域，主要产品涵盖工业物联网解决方案、控制器、变频器、伺服系统、新能源汽车动力总成系统、主电机控制器、辅助电机控制器、驱动电动机、车载充电电源、充电桩、数据中心基础设施、光伏发电、电能治理、城市轨道交通牵引系统、工程车牵引系统、矿用车牵引系统和列车空调控制器等。

英威腾提供多种低压、中压和高压宽电压范围等级通用变频器以及多种行业专用变频器，广泛应用于工业自动化各领域。其在变频器的软件算法领域和硬件设计领域拥有多项关键技术储备，对性能和功能算法进行迭代，不断推出高性价比的通用变频器产品，包括高性能矢量控制变频器 Goodrive 350、书本型多传动变频器 Goodrive 600、简易型二合一变频器 Goodrive18 和低成本风机泵类变频器 Goodrive 270 等。Goodrive 系列变频器广泛应用于国内外各类应用领域，2019 年 Goodrive 600 系列高性能多传动变频器获得由高交会组委会颁发的优秀产品奖，GD 600 高性能多传动变频器获广东省“省长杯”工业设计大赛获奖证书。

Goodrive 系列低压变频器包括 18 系列简易型二合一变频器、600 系列高性能多传动变频器、350 系列高性能多功能变频器、10 系列迷你经济型变频器、20 系列经济型开环矢量变频器、200A 系列通用型开环矢量变频器、300 系列高性能开环矢量变频器和 35 系列高性能闭环矢量变频器。

其中，600 系列高性能多传动变频器是由整流单元和多个逆变单元构成的共直流母线驱动系统，集成转矩控制、速度控制和位置控制，实现了同步电机驱动与异步电机驱动的一体化，可实现多点驱动，适用于金属加工、印刷包装、纺织机械、纸巾机械和小型造纸机械等多电机传动单台设备/多台设备组成的连续生产线。

350 系列高性能多功能变频器采用 TI 电机控制专用处理器，集异步电动机和永磁同步电动机驱动控制于一体，集速度、转矩和位置控制于一体，是一款高性能多功能变频器。

中压变频器包括 Goodrive 1000 系列煤机专用变频器、Goodrive 2000 系列中压高性能矢量变频器和 Goodrive 3000 系列中压高性能矢量变频器。其中，2000 系列变频器采用高性能 DSP 控制系统，3000 系列变频器采用三电平硬件拓扑电路和 AFE 整流技术。

Goodrive 5000 系列高压矢量变频器是英威腾自主研发、设计和生产的第二代高压变频器，系统采用了主流的功率单元串联技术，以 DSP+ARM+FPGA 三核处理器为控制核心，集成了电机矢量控制算法，已经广泛应用于风机、泵、压缩机、带式输送机和提升机等设备上。

此外，英威腾还不断推出针对不同行业的专用变频器，为空压机、光伏水泵、建筑施工、港口、矿山、暖通空调和应急电源等领域提供一体化的产品和解决方案。英威腾的电梯业务表现平稳，系统解决方案已达成市场目标，已连续推出 EC160 系列电梯智能整体机、EC300 系列四象限电梯智能整体机和电梯专用变频器等产品。2020 年，英威腾变频器类产品累计实现营业收入 12.79 亿元，占公司总营业收入的 55.96%。

英威腾的新一代高性能多功能变频器、智能组网高性能多传动四象限变频器控制系统被审定为第十九届（2020）深圳企业创新纪录，智能组网高性能多传动四象限变频器控制系统获 2020 年深圳市科技进步奖。最近两年，英威腾正在开展开放式低压变频器工程实验室项目和多维形态一体化驱动控制系统关键技术研发。2021 年上半年，完成低压变频器的船级社认证和起重行业全功率段转产。

9. 合康新能

合康新能创建于 2003 年，专业从事工业自动化控制和新能源装备的研发生产。2010 年 1 月 20 日在深圳证券交易所创业板挂牌上市，2020 年 4 月 30 日美的暖通成为控股股东，何享健成为实际控制人。

合康新能工业自动化领域的主要产品包括高压变频器和低压变频器等核心部件及自动化系统解决方案，高压变频器可细分为通用高压变频器和高性能高压变频器两大系列，低压变频器定位于服务中高端市场。2019 年高压、中低压变频器订单金额分别为 54 536.39 万元和 32 234.45 万元，2020 年这一数据分别为 57 119.28 万元和 39 563.17 万元。

目前，合康新能主营产品集成了测控技术、电力电子技术和应用软件技术等领域的最新技术成果，其中测控技术、电力电子技术革新主要取决于新材料和新工艺的应用，更新换代周期为 5 ～ 8 年；应用软件技术取决于计算机技术的发展，在工业领域的更新换代周期为 5 年。

高压变频矢量控制、大功率单元水冷、四象限能量回馈和高压永磁同步直驱变频等技术，施工升降机驱动器、高性能矢量变频器和永磁同步电动机控制等核心平台技术是合康新能的核心竞争力。2011 年，合康新能自主研发生产的同步电机矢量控制带能量回馈变频器正式投运，填补了国内同步矢量控制高压变频器技术领域的空白，打破了长久以来国外同类产品的垄断现状。2012 年，

6kV 大功率高压变频器成功投运，成为发电厂脱硫脱硝项目引风机变频改造的典范。2014 年，国产首台水冷变频器（10 000kW/6kV）成功应用于核工业西南物理研究院，进军核电领域。2017 年，第四代高压变频器成功投运，实现了高可靠性控制系统、功率单元优化设计、多算法集成方案和云监控平台智能化监控等功能。2019 年，研发的永磁直驱方案成功用于密炼机、带式输送机等应用现场，实现了低频大转矩起动、参数静态辨识、零速悬停和主从动态功率平衡等功能，性能良好。

自 2019 年起，合康新能加大资金投入高压变频器新产品的研发和旧产品的升级改造，大力开拓行业专机市场。相继重点研发了高压变频智能远程云监控、HC4 系列变频器、CM 800 系列开环矢量变频器和 660V 交流变频器。其中，高压变频智能远程云监控实现小批量试用。HC4 系列变频器 23 ～ 154A（含）电流段的产品进入小批量试产阶段；154（不含）～ 400A 电流段样机完成厂内测试，待现场验证；400A 以上电流段的样机完成优化设计。CM800 系列三相 9kW 以下可以正常供货，18 ～ 22kW 的 PCB 正在优化升级，660V 交流变频器批量生产中。

合康新能正在将业务模式逐渐从产品导向转向客户导向，根据客户的需求，提供前期开拓、技术支持、售中售后服务以及项目节能计算等一系列服务。

10. 台达

台达变频器产品覆盖小功率到大功率，既有经典的机械类通用 M300 系列变频器，也有面向通用设备的 C 家族系列产品，以及各种用于电能质量管理的通用设备。

1）ME 300 系列。它是简易型向量控制变频器，功率范围为 0.1 ～ 7.5kW，采用 V/F、SVC 控制模式；支持高速脉冲及 PWM 输入；内置 PID、单/多台水泵并联功能，具有 IPM、SPM 两种电机控制模式，适用于感应（IM）、永磁（IPM/SPM）电动机。

2）MS 300 系列。它是标准型矢量控制变频器，支持感应电动机、永磁电动机开回路控制，功率范围为 0.2 ～ 15kW，最高输出频率为 1 500Hz。

3）MH 300 系列。它是矢量控制变频器，功率范围为 0.2 ～ 75kW，支持速度、转矩和位置控制，标准机支持 599Hz，高速机支持 2 000Hz。额定电流 150% 可达 60s，200% 可达 3s。它适用于恒转矩、变转矩和恒功率等负载，支持感应电动机、永磁同步电动机。

4）CH 2000 系列。它是高性能矢量变频器，感应电动机与同步电动机控制双机一体；输出频率为 0 ～ 600Hz（90kW 以上输出频率为 0 ～ 400Hz）；额定电流 150% 可达 60s，200% 可达 3s，适用于冲击性瞬间负载、高过载及重载等。

5）C 200 系列。它是高阶智能型矢量变频器，功率范围为 0.4 ～ 7.5kW；采用磁场矢量控制且内建 PLC，内建标准 Modbus、CAN 总线功能。

6）C 2000 Plus 系列。它支持感应 / 永磁 / 同步磁阻电动机的无感测矢量控制，支持重载（150%/60s，180%/3s），内置 PLC（10k steps），整合远程 I/O 支持 CANopen/Modbus 通信主站设定，可实现点对点位置控制、主从转矩分配和过励磁能量牵引等。

11. 新时达

新时达提供智能驱动控制专业领域的核心产品及综合解决方案，以智能控制、变频驱动为两大发展方向，业务主要分为智能制造及工业机器人、电梯、变频驱动、运控四大板块。研发的高低压通用、专用变频器功率从百瓦到 16MW，为智慧水务、暖通空调、物流起重和轮胎橡胶等提供整体电控解决方案。

变频器系列产品及特点如下：

1）AS170、AS170+、AS180、AS190S 和 D150S 系列变频器。此系列变频器面向智慧水务中的供水、排污和消防等设备，具有高功率密度、低噪声等特点，用于提高系统能效和节点的信息化数据接入。

2）AS 450、AS 470、AS 500、AS 510 和 AS 520 系列高性能变频器。此系列变频器用于各种机械设备的精准快速控制，以提高自动化效率、优化工艺等。

3）AS 530、AS 530UL、AS 560、AS 570、AS 720 和 AS 720S 系列变频器。此系列变频器面向暖通空调行业，匹配磁悬浮高速电动机、螺杆机、离心机和轻商热泵等设备，具有高转速、高能效、高功率密度和免调试等特点。其中，AS720SCM 磁悬浮压缩机专机变频器柜采用 IPD 开发流程，提出一种快速响应的电流内环控制策略，调速达到 30 000r/min，可实现高速控制，性能指标国际领先。

4）DS100、S200、S300、AS600 和 AS700 系列变频器。此系列变频器面向物流、起重行业，能有效提升作业效率，增强系统的可靠性和安全性。

5）AS 800 系列变频器。此系列变频器面向轮胎橡胶行业，具有高转矩响应、低速大转矩性能。

新时达攻克了噪声抑制、超高速控制、超高效电机控制和同步磁阻电机控制等系列难题，积极推动 SiC 应用技术、驱控一体化技术、机电一体化技术及薄膜电容的应用。新时达加大对电力电子技术、先进控制技术研究的投入，包括 SiC 驱动电路与驱动技术、超高速弱磁控制技术、自整定免调试技术、双向能量传输的 LLC 技术、同步整流技术、电流预测控制技术、开环矢量极低速控制技术、无电解电容控制技术及同步磁阻电机无速度传感器矢量控制等技术的深入研究。开发的二代高压变频器产品，支持高压同步、异步无速度传感器矢量控制，具有高性能、高可靠性和智能化特点。新时达承担的国家科技支撑计划项目——大功率港口起重专用变频器的关键技术开发与应用、国家重点研发计划项目——基于 SiC 功率器件的高效高可靠性电力电子系统研究通过了验收，已实现成果转化；承担的国家科技支撑计划——港口变频器项目完成了验收。

新时达在变频器板块聚焦细分行业，针对行业应用特点，相继攻克了高密度大功率散热、磁悬浮高速弱磁控制、薄膜电容稳压控制、EMC 和整流模块硬并联等一系列技术难题。优先布局万物互联、故障预测等领域，与国内外领先水泵企业持续合作，完成了高集成度泵控一体化专用变频系列产品的开发与市场推广；针对物流行业，开发出集成多款现场总线的专用起动器及变频器，开发了系列化大功率液冷专用变频柜、单机大功率风冷变频器和多联机驱动器等。

12. 智光电气

智光电气的核心业务包括电力电子技术研究和产品应用、综合能源服务整体解决方案提供、能源技术及服务领域产业投资，形成了以大功率电力电子为核心的产品体系。

智光电气自主研制的超大容量（7 000 ～ 30 000kV · A）高压变频器具有一定的市场竞争力，开展了 300 ～ 600MW 火电机组电动给水泵变频控制节能改造、600MW 及以上火电机组联合引风机变频控制节能改造、钢铁行业大功率同步电动机烧结主抽变频控制节能改造、特大容量电机高压变频软起动和双变频器并联运行等高端应用。

2019 年以来，智光电气加快了高压智能变频系列产品的迭代步伐，大功率蒸发冷却型智能高压变频器通过测试；第四代高压变频器系列取得突破，ZINVERT 系列高压变频器研制成功，中等容量系列通过厂验收；第四代产品小型化，功率单元模块的功率密度更高，系统操作更加简洁，可靠性更高。

智光电气上线了工业大电机能效管理工业互联网应用系统，完成近 1 100 台高压变频器设备端网关的部署安装与其中约 600 台变频器的上线运行。该系统应用于高压变频器的售后运维服务。

13. 正弦电气

正弦电气于 2003 年成立，主要产品包括通用变频器、一体化专机和伺服系统产品。其拥有逆变控制、外设接口和行业应用等核心技术，其中逆变控制技术为关键核心技术，包括矢量控制技术、参数识别技术、电力电子应用技术和调节器控制技术。在通用变频器技术基础上，正弦电气针对细分行业的个性化、差异化特点，开发了一体机和行业专机应用技术，核心技术包括起重专用安全逻辑控制技术、钢铁轧机专用控制技术和抽油机自适应节能技术，主要应用于施工升降机、陶瓷球磨机、金属拉丝机和螺杆空压机等一体机，以及起重机械、动力收放卷、木工旋切机、油田抽油机和同步空压机等行业专机。

通用变频器产品以通用系列和经济型系列为主，有以下系列产品。

1）EM730/EM730E 系列变频器。它支持矢量 V/F 控制技术（VVF）和无速度传感器矢量控制技术（SVC），采用速度和转矩两种输出形式，支持 WiFi 接入功能及后台软件调试功能。

2）EM 600 系列变频器。它是高性能矢量变频器，适用于开环、闭环控制。其支持改善的矢量 V/F 控制技术（VVF）、无速度传感器矢量控制技术（SVC）和有速度传感器矢量控制技术（FVC），支持速度和转矩两种输出形式，支持 I/O 扩展卡、通信总线扩展卡和多种 PG 卡。

3）EM 500 系列。它是开环矢量变频器，支持改善的矢量 V/F 控制技术（VVF）、无速度传感器矢量控制技术（SVC），支持速度和转矩两种输出形式，支持 I/O 扩展卡、通信总线扩展卡。它适用于速度开环控制的工业机械的调速和风机、水泵的节能场合。

4）A90 系列。它支持改善的矢量 V/F 控制技术（VVF）和无速度传感器矢量控制技术（SVC），支持速度和转矩两种输出形式。其适用于空压机、挤塑机、风机和水泵等领域。

5）EM303B 系列。它是通用矢量变频器，采用无速度传感器矢量控制技术。

目前，正弦电气正在研发 EM760 高性能变频器（新一代，支持 SVC 和 FVC 模式）、P 730 水泵背负式变频器（防护等级达到 IP55）和 EM618 球磨机一体机（实现配电变频一体化结构）。

14. 新风光

新风光于 2004 年成立，专业从事大功率电力电子节能控制技术及相关产品的研发、生产、销售和服务。其以大功率电力电子节能控制技术为核心技术平台，主要产品为高压动态无功补偿装置、高压变频器和轨道交通能量回馈装置，可以为客户量身打造调速节能、智能控制和改善电能质量等方面的产品及解决方案。

新风光拥有自主研发的核心技术——矢量控制技术、振荡抑制技术、多机主从控制技术、快速飞车起动技术、星点漂移技术、工变频无扰切换技术、输出电压自动稳压技术、故障单元热复位技术和电网瞬时掉电重启技术，并应用于全系列高压变频器。高压动态无功补偿装置与高压变频器产品为其竞争优势产品。

2020 年至今，新风光开展了高压水冷式变频器、3×1 200kW/3.3kV 三电平防爆变频器、2 000kW/10kV 级联防爆变频器和 3.3kV 防爆变频一体机研发，稳步推进风冷小功率变频器单元设计打样等新机型项目。

15. 蓝海华腾

蓝海华腾的主要产品包括电动汽车电机控制器、中低压变频器和伺服驱动器等，中低压变频器包括标准平台系列和行业专机系列，涵盖 V7、V6、V5、E5、VTS 和 V9 等多个产品类型。蓝海华腾拥有无速度传感器矢量控制技术和有速度传感器矢量控制技术，正在推进高速同步电机专用变频器项目，探索布局与工控相关的工业物联网系统。

1）VTS 系列产品。VTS 系列变频器采用全新的矢量控制技术，兼容同步电动机、异步电动机和磁阻电动机的控制；兼容多种规格编码器，支持多种通信协议，配合上位机可实现多台联网控制；支持中/英文液晶显示屏、五位数码管显示操作面板，具有易用性、可扩展、体积小、重量轻和完善的保护功能等特点，能满足各种高中端的应用需求。VTS 500 为高性能伺服驱动器，VTS 400 为多功能驱动器，VTS 300 为高性能通用变频器，VTS 200 为轻载型通用变频器，VTS100 为通用变频器，VTS 30 为迷你型变频器。

2）V9 系列通用变频器。它采用矢量控制技术和转矩控制技术，功率范围为 0.4kW ～ 3MW，具有电机参数自学习功能，采用异步无感 V/F 控制，集 V/F 矢量编码器闭环于一体，功率密度高，支持多种编码器及多种高速通信协议，可扩展 PLC 及运动控制卡。

3）V6 系列。它是高性能矢量控制型/转矩控制型通用变频器，支持开环矢量控制、闭环矢量控制、转矩控制和复合控制。

4）V5 系列。V5-H 变频器应用高性能的开环矢量控制技术，提供独立的高速脉冲输入和输出端口，具有速度辨识和转子磁链定向功能，实现快速响应与稳定运行。

5）E5 系列。它支持矢量化的正弦波 PWM 控制，内置 PID 闭环控制；宽电压适应范围，支持交流 260 ～ 480V、直流 350 ～ 750V 输入；支持简易矢量/矢量化 V/F 控制，对电机参数不敏感，适用于简单的调速场合。

计划研发的项目：

推动 DTC 控制平台开发，开发多传动系列变频器，实现中大功率变频器直接转矩控制、组网控制、并联控制以及模块化，以便灵活适配用户多种需求、缩短交货周期，提供冗余设计。

进行直接转矩工程变频器设计，实现直接转矩控制变频器在造纸、冶炼和矿产行业的国产替代。

开发 ITE 智能变频器项目，根据市场需求，完成 PLC+ 运动控制 + 物联网的集成，以满足各种需求场景的应用。

完善物联网在光伏、电梯等细分行业的应用，丰富物联网终端功能、平台场景，开发远程升级通道、数据加密通道；开发无线 3G/4G+ 有线智能终端，开发产品的远程调测功能。

16. 伟创电气

伟创电气专注于电气传动和工业控制领域，主营业务为变频器、伺服系统与运动控制器等产品的研发、生产及销售，相继攻克了三电平超低载波矢量控制技术、高速电机低延时磁链观测技术和伺服总线同步控制技术等核心技术。目前与西安理工大学开展“变频器传动装置的辐射 EMI 特性研究”和“无速度传感器控制极低速电机性能提升研究及软件开发”两个联合开发项目，重点提升变频器产品的 EMI 特性和无速度传感器控制极低速异步电动机性能。

研制生产的变频器产品中，通用变频器主要包含 AC300、AC200、AC70 和 AC10 等系列，电压等级为 220 ～ 3 300V，功率范围为 0.4 ～ 1 200kW；行业专机方面，针对起重、矿山机械、电液伺服、压缩机、机床、光伏供水和纺织机械等细分行业，推出了施工升降机一体机、矿用隔爆机芯产品、集成电液伺服系统、空压机一体机、机床主轴伺服驱动系统、光伏水泵驱动器和智能制造系统等多种行业系统解决方案，2020 年重点行业业绩占比达到 59.69%，2021 年上半年这一比例达到 61.65%。

2020年以来，伟创电气重点研发的变频器类项目有：AC800系列矢量变频器、隔爆型变频器、AC300系列变频器产品优化、采油机械解决方案，AC320高速电动机专用变频器实现量产。其中，AC300系列采用磁场定向矢量控制技术，支持同步、异步、电主轴和交流伺服等多种电动机；控制模式方面，支持V/F模式、频分离、开/闭环矢量、速度与转矩控制，支持电机自学习，支持高速弱磁控制。

2.5 变频器相关标准现状

国际上，IEC SAC/TC60下设的分技术委员会中，SC1是含有半导体电力变流器的调速电气传动系统分技术委员会，负责调速电气传动系统及其中的电力电子变流设备，包括控制、保护、监视和测量等方面的标准化。国内，2011年全国变频调速设备标准化技术委员会（SAC/TC518）成立，秘书处挂靠在天津电气传动设计研究所有限公司。现行变频器的相关标准能够覆盖大部分常规测试方法，但是现有规范与标准已经落后于现代变频调速技术的发展，不能测试现代感应电机变频调速系统的关键性能。调速电气传动系统相关标准见表2-3。

表2-3 调速电气传动系统相关标准

标准号	标准名称
GB/T 12668.1—2002	调速电气传动系统　第1部分：一般要求 低压直流调速电气传动系统额定值的规定
GB/T 12668.2—2002	调速电气传动系统　第2部分：一般要求 低压交流变频电气传动系统额定值的规定
GB/T 12668.3—2012	调速电气传动系统　第3部分：电磁兼容性要求及其特定的试验方法
GB/T 12668.4—2006	调速电气传动系统　第4部分：一般要求 交流电压1 000V以上但不超过35kV的交流调速电气传动系统额定值的规定
GB/T 12668.6—2011	调速电气传动系统　第6部分：确定负载工作制类型和相应电流额定值的导则
GB/T 12668.8—2017	调速电气传动系统　第8部分：电源接口的电压规范
GB/T 12668.501—2013	调速电气传动系统　第5-1部分：安全要求 电气、热和能量
GB/T 12668.502—2013	调速电气传动系统　第5-2部分：安全要求 功能
GB/T 12668.701—2012	调速电气传动系统　第701部分：电气传动系统的通用接口和使用规范 接口定义

（续）

标准号	标准名称
GB/T 12668.901—2021	调速电气传动系统　第 9-1 部分：电气传动系统、电机起动器、电力电子设备及其传动应用的生态设计 采用扩展产品法（EPA）和半解析模型（SAM）制定电气传动设备能效标准的一般要求
GB/T 12668.902—2021	调速电气传动系统　第 9-2 部分：电气传动系统、电机起动器、电力电子设备及其传动应用的生态设计 电气传动系统和电机起动器的能效指标
GB/T 12668.7201—2019	调速电气传动系统　第 7-201 部分：电气传动系统的通用接口和使用规范 1 型规范说明
GB/T 12668.7301—2019	调速电气传动系统　第 7-301 部分：电气传动系统的通用接口和使用规范 1 型规范对应至网络技术
GB/T 30843.1—2014	1kV 以上不超过 35kV 的通用变频调速设备　第 1 部分：技术条件
GB/T 30843.2—2014	1 kV 以上不超过 35 kV 的通用变频调速设备　第 2 部分：试验方法
GB/T 30843.3—2017	1 kV 以上不超过 35 kV 的通用变频调速设备　第 3 部分：安全规程
GB/T 30844.1—2014	1 kV 及以下通用变频调速设备　第 1 部分：技术条件
GB/T 30844.2—2014	1 kV 及以下通用变频调速设备　第 2 部分：试验方法
GB/T 30844.3—2017	1 kV 及以下通用变频调速设备　第 3 部分：安全规程
GB/T 28556—2012	煤矿通风机用隔爆兼本质安全型变频调速控制器
GB/T 21056—2007	风机、泵类负载变频调速节电传动系统及其应用技术条件
GB/T 32505—2016	机床专用变频调速设备
GB/T 32515—2016	注塑机专用变频调速设备
GB/T 32899—2016	抽水蓄能机组静止变频启动装置试验规程
GB/T 34123—2017	电力系统变频器保护技术规范
GB/T 35701—2017	船舶电力推进变频器
GB/T 37009—2018	冶金用变频调速设备
IEC 61800-1-1997	调速电气传动系统　第 1 部分：一般要求 低压直流调速电气传动系统额定值的规定

（续）

标准号	标准名称
DIN EN 61800-3-2012	调速电气传动系统　第 3 部分：电磁兼容性要求和特定的试验方法
DIN EN 61800-5-1-2008	调速电气传动系统　第 5-1 部分：安全要求 电、热和能量
DIN EN 61800-7-1-2008	调速电气传动系统　第 7-1 部分：电气传动系统协议的使用和通用接口 接口定义
DIN EN 61800-7-201-2008	调速电气传动系统　第 7-201 部分：电气传动系统协议的使用和通用接口 1 型协议的规范
DIN EN 61800-7-202-2008	调速电气传动系统　第 7-202 部分：电气传动系统协议的使用和通用接口 2 型协议的规范
DIN EN 61800-7-203-2008	调速电气传动系统　第 7-203 部分：电气传动系统协议的使用和通用接口 3 型协议的规范
DIN EN 61800-7-204-2008	调速电气传动系统　第 7-204 部分：电气传动系统协议的使用和通用接口 4 型协议的规范
DIN EN 61800-7-301-2008	调速电气传动系统　第 7-301 部分：电气传动系统协议的使用和通用接口 1 型协议对网络技术的映射
DIN EN 61800-7-302-2008	调速电气传动系统　第 7-302 部分：电气传动系统协议的使用和通用接口 2 型协议对网络技术的映射
DIN EN 61800-7-303-2008	调速电气传动系统　第 7-303 部分：电气传动系统协议的使用和通用接口 3 型协议对网络技术的映射
DIN EN 61800-7-304-2008	调速电气传动系统　第 7-304 部分：电气传动系统协议的使用和通用接口 4 型协议对网络技术的映射
DIN EN 61800-5-2-2008	调速电气传动系统　第 5-2 部分：安全要求 功能
DIN EN 61800-2-1999	调速电气驱动系统　第 2 部分：一般要求 . 低压可调频率交流电气驱动系统的额定值规范

第3章

产业应用

3.1 产业应用现状

3.1.1 冶金

1. 整体应用环境

冶金是国民经济建设的基础，是国家实力和工业发展水平的标志，它为机械、能源、建筑、航空航天工业、国防等各行各业提供所需的材料产品。近年来我国冶金行业出现产能过剩问题，同时国家加大行业环保生产整治力度，行业产能逐步释放，整体投资放缓。

（1）现状　2012—2020 年我国生铁与粗钢产量整体呈增长态势。2015 年产量出现下滑，2016—2020 年产量逐步增长。

2010—2014 年我国钢材产量逐年上涨，2015—2017 年钢材产量出现下滑，2018 年我国钢材产量开始回升，2020 年钢材产量达到 13.2 亿 t，同比增长 9.99%。2020 年生铁产量为 8.88 亿 t，同比增长 9.8%；粗钢产量为 10.6 亿 t，同比增长 6.97%。2012—2020 年我国生铁产量如图 3-1 所示。2012—2020 年我国粗钢产量如图 3-2 所示。2012—2020 年我国钢材产量如图 3-3 所示。

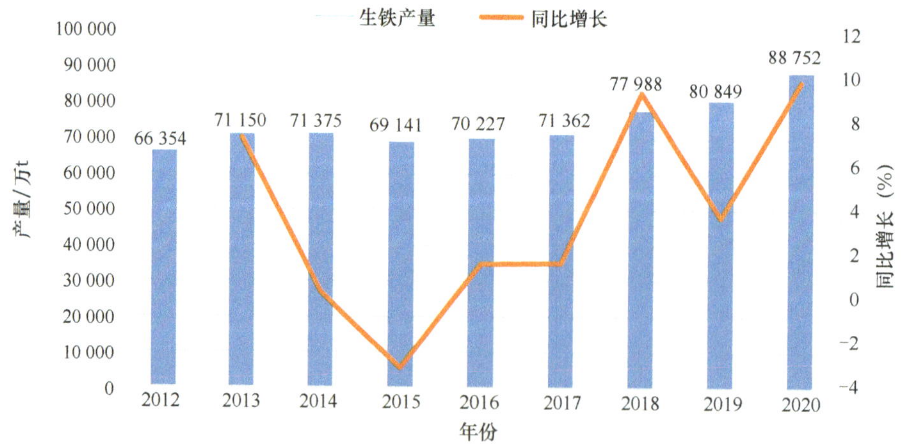

图 3-1　2012—2020 年我国生铁产量

注：数据来源于国家统计局。

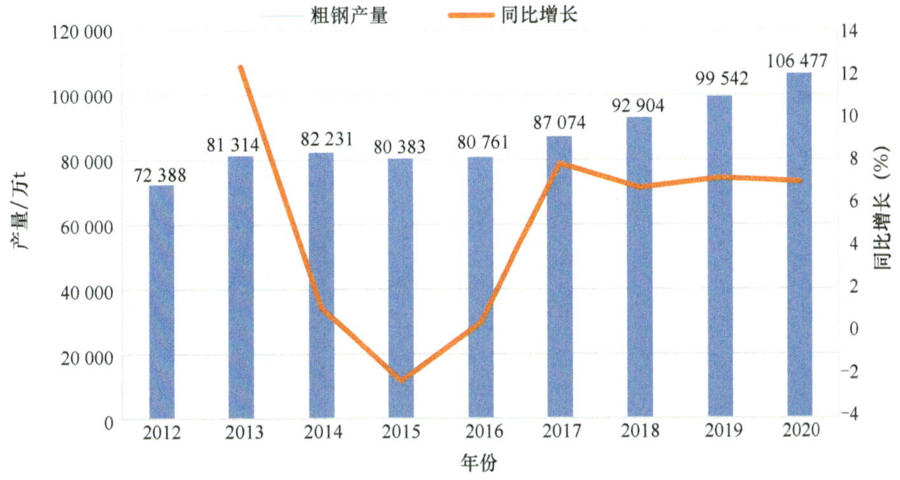

图 3-2　2012—2020 年我国粗钢产量

注：数据来源于国家统计局。

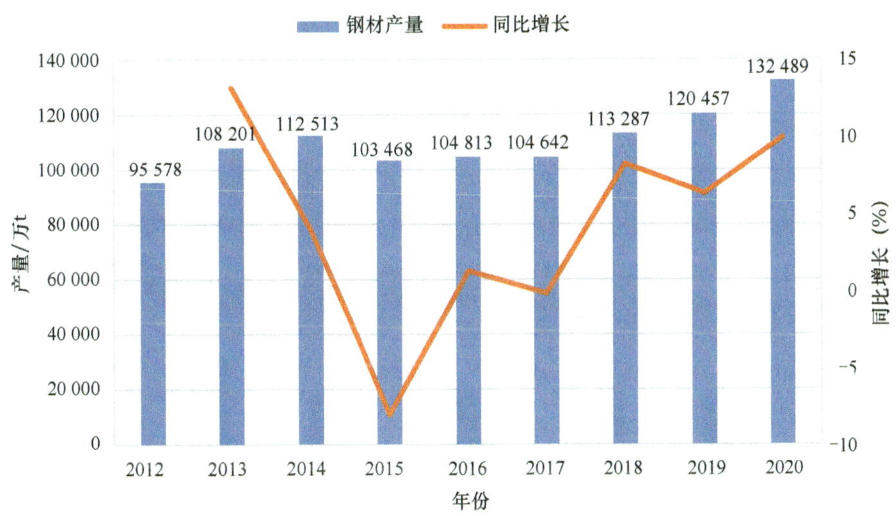

图 3-3　2012—2020 年我国钢材产量

注：数据来源于国家统计局。

根据国家统计局公布的数据，我国十种有色金属产量除 2019 年略有下降外，2012—2020 年基本呈现上升态势。2020 年我国十种有色金属产量达到 6 188 万 t，同比增长 5.5%。2012—2020 年我国十种有色金属产量如图 3-4 所示。

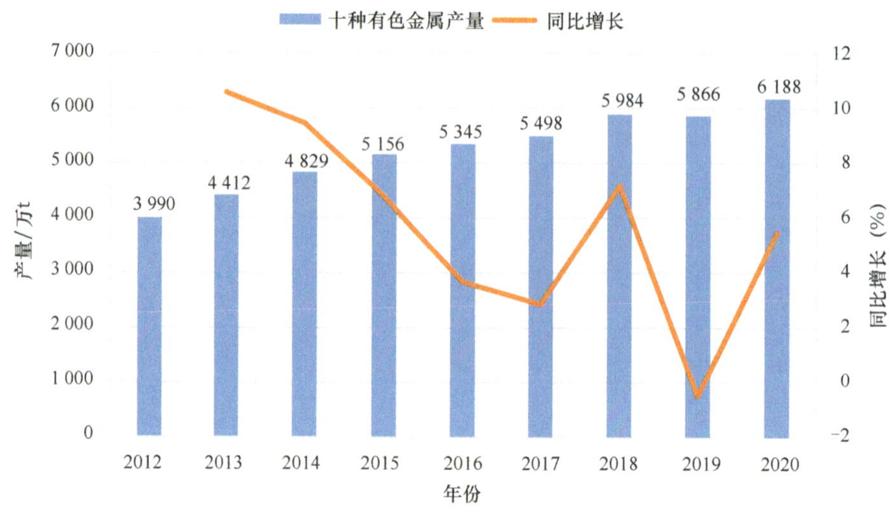

图 3-4　2012—2020 年我国十种有色金属产量

注：数据来源于国家统计局。

（2）冶金行业固定资产投资　2014—2019 年，我国冶金行业固定资产投资额逐年上涨。其中，2019 年黑色金属冶炼和压延加工业固定资产投资额为 5 455 亿元，同比增长 26%；有色金属冶炼和压延加工业固定资产投资额为 5 262 亿元，同比增长 1.2%；金属制品业固定资产投资额为 11 522 亿元，同比小幅下降 3.9%。2014—2019 年我国冶金行业固定资产投资额如图 3-5 所示。

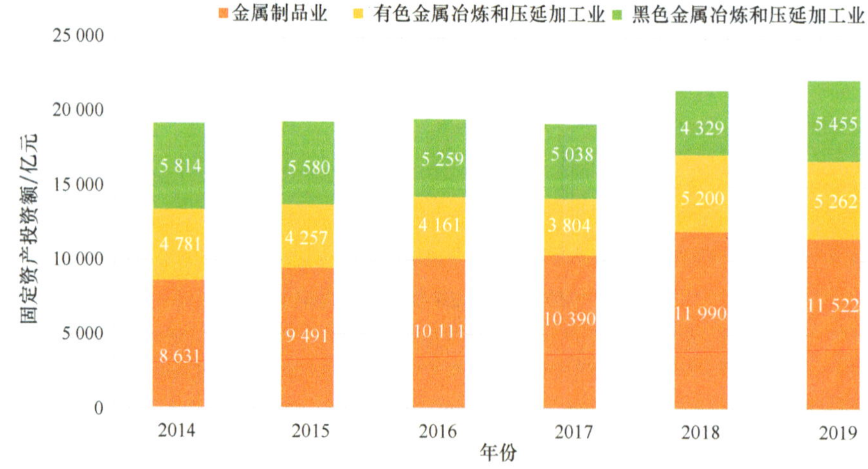

图 3-5　2014—2019 年我国冶金行业固定资产投资额

注：数据来源于国家统计局、前瞻产业研究院。

自 2019 年起，黑色金属冶炼和压延加工业固定资产投资额快速增长，2019 年至 2021 年上半年，该行业固定资产投资额的增幅均在 26% 以上。根据国家统计局数据，2020 年有色金属冶炼和压延加工业固定资产投资额同比下降 0.4%；2021 年上半年，有色金属冶炼和压延加工业投资额增长 16.5%。

2. 客户需求

冶金行业是连续式、高效式的生产流程性行业，具备一定规模的钢铁企业都有大型现场设备需要控制。随着冶金行业的不断发展，很多大功率设备，如热轧、冷轧传动设备等出现，这些设备处于生产线关键部位，功率大，动作指标要求严格，引入高压变频技术使得电动机的调速范围更宽，可以应对轧制时的冲击负载。高性能的变频器还能够精确识别电动机模型，提供各种复杂的控制功能。

一般重要的设备都是用交流异步电动机驱动，如水泵上的炼钢除尘风机、高炉上的除尘风机、烧结余热风机、锅炉中的给水泵等。这些设备对环境影响比较大，调速范围比较宽，一般使用变频器调速。

钢铁厂也会使用装船机、卸船机等起重设备，这些设备属于位能性负载，起动转矩大，过载能力强。随着变频器的不断发展，变频器逐渐替代了早期的直流调速。

由于环保要求越来越严，除尘标准越来越高，很多钢厂要安装三次除尘风机，也给变频器带来了新需求。

3. 冶金行业变频器市场概述

冶金行业自身的特点为：生产规模较大、资源比较密集、自动化水平比较高。行业的现状是能耗较大、污染严重，对自动化的要求较高。冶金行业的负载同其他行业相比有很大的区别，大功率的负载较多。如何有效控制生产成本是生产企业迫切需要解决的问题。

轧钢行业主辅传动设备对动态响应、转矩特性的要求较高。轧机传动使用的中压变频器目前还是以西门子、ABB 等外资品牌为主，国产中压变频器近些年也有现场应用。由于每一个环节都有潜在的故障点，因此在保证核心控制算法的基础上，简洁化、安全性、可靠性是国产变频器未来竞争的一大优势。

矿山、炼铁、炼钢等行业的风机、水泵类负载很多。比如，由于在出铁过程中会有大量烟尘产生，高炉的炼铁除尘风机需要瞬间提高风量，在整个冶炼过程中将废气排走，以降低环境污染、满足工艺要求。以前的除尘风机都是通过挡板调节风量，现在采用变频器进行调速，节省了损耗在挡板上的能量。同样，炼钢厂的除尘风机也起到类似的作用。另外，炼铁厂的高炉除沙泵等设备在冶炼过程中负载变化很大，在这样的工艺场合，变频器利用离心式负载的特性，在较低转速下可以起到节能降耗的作用。当然，同样一台变频器，如何取得良好的使用效果，对用户而言也十分关键。用户需要把变频器放在最理想的功率段，选择在最理想的设备中进行使用，以发挥最大的功效。

4. 主要设备用变频器

为了满足工艺需求，钢厂轧钢线上使用的变频器一直以来是外资品牌占据主导，西门子、东芝三菱在这一市场拥有统治地位。一般来说，专用变频器的价格比通用变频要高 20% ～ 50%，某些特殊参数的变频器价格更高。

在烧结主抽风机、高炉风机等关键设备中，西门子、ABB、TMEIC 等外资品牌仍占主流。在一些普通的风机和水泵应用中，国内品牌如合康、利德华福、山东新风光以及汇川技术的市场份额逐步提升。

随着国内厂家的技术逐渐成熟，单纯用于节能的变频器价格有所下滑。近年来随着竞争日趋激烈以及原材料价格的下降，变频器价格逐年降低。目前进口品牌的价格为 450 ～ 550 元 /kW（不含税），国内品牌的价格为 200 ～ 300 元 /kW。

由于钢厂运行环境的恶劣、客户在电力设备使用和维护上的不专业，钢厂的变频器故障率比较高，如果存在备件供应问题或者服务跟不上的情况，影响了设备运行，客户就会有更换设备的想法。

5. 产业规模

变频器在冶金行业主要应用在公用工程、鼓风机、制气、提升、输送和轧辊，以及各种辅机上。低压变频器在冶金行业的应用比较复杂，大型风机水泵、轧钢线的轧辊都在使用变频器产品。

目前，冶金行业的变频器市场超过 80% 是由改造项目来贡献的，只有轧辊等主设备在新设备上附带了变频器，这部分应用对变频器要求不高。

钢铁行业曾经是变频器第二大应用行业，最近几年钢铁由于产能过剩，行业一直在调整，大约贡献了变频器 6% 的市场份额。目前，大多数钢厂都已经安装高压变频器，安装数量 10 台及以下的钢厂占比为 28%，10 ～ 20 台的钢厂占比为 44%，20 台以上的钢厂占比为 28%。装机数量较少的钢厂的特点主要是产能较低、效益较差。

从过去十几年的市场发展来看，前期钢厂效益很好，对节能的需求不明显。早期钢厂安装变频器的不多，不像电厂有厂用电率指标作为驱动力，因此钢厂安装变频器的比例没有电厂多。整体而言，大约 70% 适合安装变频器的设备都安装了。

一个 500 万 t 钢厂的用电设备负载是 40 万～ 50 万 kW，其中有 15% ～ 20% 的负载适合安装通用变频器。其中可变频调速负载中，90% 已经安装高压变频器，未安装的主要为节能需求不高或功率不大的负载。2016 年去产能实施后，钢厂部分设备停运，对高压变频器的需求降低。

目前钢铁行业整体产能过剩，盈利能力下降，客户在新投资方面很谨慎，所以新增变频器的机会不多，钢铁市场的新需求主要来自搬迁和置换项目。目前京津冀要求的钢铁产能置换比例是 1.25∶1。产能置换会减少产品的更换需求，但置换新建后都安装变频器。

目前钢铁市场变频器的另一个需求主要来自老产品寿命到期的更换。在大约 1 000 万 kW 的存量中，每年有 2% ～ 4% 的变频器需要更换，大约涉及 30 万 kW 的设备。这个比例在未来几年还将继续增长到 6% ～ 8%。

3.1.2 石油和化工

1. 整体应用环境

（1）现状　根据国家统计局数据，2020 年我国石油和化工行业 26 039 家规模以上企业实现营业收入 11.08 万亿元，同比下降 8.7%；完成利润总额 5 155.5 亿元，同比下降 13.5%。全国油气总产量 3.32 亿 t（油当量），同比增长 5%；原油加工量 6.74 亿 t，同比增长 3%；主要化学品总产量增长约 3.6%。

2020 年，石油和天然气开采业完成营业收入 8 665.4 亿元，同比下降 17.6%。效益持续恶化，石油和天然气开采业 365 家规模以上企业累计实现利润总额 270.9 亿元，比上年下降 82.3%。

炼油业扭亏为盈，盈利不断扩大。炼油业完成营业收入 3.38 万亿元，同比下降 15.4%，降幅扩大 0.8 个百分点。在 2020 年第三季度实现扭亏为盈后，炼油业盈利持续扩大，主要经济指标明显改善。1 086 家规模以上企业累计实现利润总额 476.7 亿元，全年炼油业营业收入利润率为 1.41%。

化学工业效益实现显著增长。22 973 家规模以上企业累计完成营业收入 6.57 万亿元，同比下降 3.6%，降幅较前三季度收窄 3.5 个百分点。实现利润总额 4 279.2 亿元，同比增长 25.4%。行业营业收入利润率为 6.51%。

（2）投资　据国家统计局数据，2020年化学原料和化学制品制造业固定资产投资比上年下降1.2%，降幅较前三季度收窄7.6个百分点；石油和天然气开采业投资降幅为29.6%，扩大7.6个百分点；石油及其他燃料和煤炭加工业投资增长9.4%，增速加快4个百分点。

（3）化工行业发展困境

1）结构性矛盾突出。我国化工行业经过多年迅速发展，产品供应已由整体数量短缺转变为结构性短缺。其原因主要包括：原料供应受到多重制约，行业集中度仍然较低，落后产能占有较大比重，产业竞争力不强；部分细分行业缺乏有力的监督和引导，产业盲目发展，产能过剩严重；产业布局仍存在原料与生产分割、产品与市场分割等不合理之处。以上因素仍将是我国化工行业未来发展的主要问题。

2）技术研发实力不足。目前，国内化工企业总体上以规模小、技术水平低、产品档次低为主要特征，以企业为核心的创新体系尚未建立。

3）循环经济链条不系统，园区产业关联度较低。目前，我国部分化工工业园区仍缺乏对产业分工的具体原则和关联产业经济效应的规划和考虑，造成园区内企业产业集群不集中、优势不明显等现象。园区企业主体之间竞争和协作的动力不足，部分工业园区内企业间缺少有关循环经济的产业联系。

4）公共服务平台和保障体系仍待加强。园区在土地厂房供给、清洁能源供应、化工专业仓储物流保障、关键技术研发和成果转化、产业信息资源共享、现代金融服务、专业人才教育培训、工程资源与工业设计等方面仍显不足。园区的循环化改造离不开经济发展性服务业与工业的有机融合、互动发展，物流、信息、金融、科技、商务等方面的公共服务平台建设仍需完善。

（4）发展前景　化工行业是国家重要的制造工业之一，是关系国计民生不可或缺的重要经济部门，国家高度重视化工行业的持续稳定发展。近年来，国家和地方出台了发展规划和产业指导政策，对于促进化工行业产业结构调整和优化升级、提高产业集中度、改善竞争环境、实现良性协调发展具有重要意义，为该行业的快速发展指明了发展方向、提供了有利的政策环境。

我国化工行业经过改革开放40多年的积淀已经取得长足的进步，不断完善的产业布局和配套赋予化工产业一体化竞争优势，使其在全球化工产业发展中占据重要地位。据Cefic数据，2018年我国关于化学品类的资本开支占全球总额的

45%，我国化工企业整体（含非上市化工企业）在高投资强力带动下表现出了较优的市场扩张性，表明我国化工企业依然处于成长类赛道。2018 年我国化学品销售额为 1 198 亿欧元，占全球份额的 36%，市场占比较 2008 年提升 17.6 个百分点。

根据中国石化集团发布的《2021 中国能源化工产业发展报告》，“十四五”期间我国炼化行业将进入新增产能全面释放、竞争白热化时期，也是行业整合转型升级期，成品油市场化进程将基本完成，化工产品高端化、绿色化发展成为新趋势。

国内油气工业实现跨越式发展，供应能力显著提升，“十四五”主要围绕保障供应安全和推进体制改革两个焦点。受新能源汽车发展的影响，石油需求增速将显著放缓，并渐近峰值；而天然气作为低碳能源，依然保持 7% 以上的年均消费增速。国内勘探开发投资持续加码，确保近 2 亿 t 的石油产量和 5% 左右的国产气增速。

“十四五”炼油化工行业的发展重点是加快结构调整，实现高质量发展。一是加快炼油结构调整。以先进产能淘汰落后产能；提升炼化一体化水平，推进减油增化，利用多产低碳烯烃和化工原料；与新能源汽车产业融合发展，将加油站转变为“油气电氢”综合能源补给站。二是实现化工差异化、高端化发展。三是重视技术创新，包括重油加工转化技术、高端化工材料生产技术、塑料循环利用技术、炼化企业数字化技术（包括原油分子信息库、智慧供应链、物流能量管理与优化、设备运行优化系统和智慧加油站等）。

2. 化工行业变频器市场概述

化工行业变频器市场主要来自设备配套和改造项目，大概各占 40%，其余来自零部件和更换。从应用对象来看，变频器主要用于风机、压缩机和泵类设备。化工行业分支多，生产过程差异大，所用的变频器功率范围非常宽，从低于 1 kW 到几兆瓦的变频器产品都有应用。在工艺需求上用到的低压变频器，功率以 30 kW 以上设备为主；而在节能需求上用到的低压变频器，功率相对比较大。

3. 石油行业变频器市场概述

随着变频调速技术日趋成熟，其在石油行业的应用日益普及，对于稳定生产、提高工艺控制品质、节能减排、维护装置设备、保护环境等都起到积极作用，应用前景广阔。发展早期由于缺乏统一的行业工程应用标准，以致在实际工程运用中，变频器的设计选型和维护使用无章可循，质量问题和安全事故时有发生，给石油工业生产带来安全隐患。随着设备应用范围的扩大和应用数量的增加，这些问题愈加突出。2011—2012 年在由中国石油和化工自动化应用协会组织制定的《石油和化工用变频器/软启动装置技术应用导则》系列行业标准中，就中、低压变频器在该行业应用中的基本要求、设计选型原则、安装调试及验收规范、维护使用规程等内容进行了规定。

石油行业变频器主要后用在两个方面——油气开采输送和石油加工，前者主要出于节能目的，后者主要用于工艺控制。用于油气开采和输送的有抽油机、注水泵、注聚泵、潜油泵、输油泵等设备，在钻机上配备得较多，主要是为了节能。未来，海洋油田和天然气是油气开发的重点，国家将加快油田自动化、信息化建设。国家将重点培育和发展智能钻井系统、智能测井系统以及智能完井系统，同时鼓励发展数字油田，油田信息化将向网络化、数字化、模型化和科学化方向发展。

我国石油钻机用驱动变频器大多采用 ABB 和西门子品牌的产品，这两家企业基本上占据了国内石油钻机市场。外资品牌变频器都是标准配置，并不是专门针对石油钻机开发的，硬件中许多不必要的功能增加了成本，比如过程控制 PID 功能在钻机中就不可能用到。所以，未来国产品牌按照石油钻机的工艺要求来为其量身定制变频器，既可以节约成本又可以在简化结构的同时获得高性能，是比较好的实现国产化替代策略。

3.1.3 起重机

1. 整体应用环境

起重机械属于特种设备之一。随着时代的发展，其所包含的具体机械种类越来越丰富，像汽车起重机、履带起重机、塔式起重机、门式起重机、随车起重机、高空作业车等都属于起重机械的范畴。

随着国家基础设施建设的加快推进，国内起重机械市场急速扩张，起重机械向重点产品大型化、通用产品轻量化、零部件通用化的发展趋势转变，呈现吨位两极化和智能化的发展趋势。

（1）工程起重机　经过近几年的发展，工程起重机行业发展势头良好，行业集中度进一步提升，在技术创新、产品开发、制造、产业链掌控、市场运营等方面实现了跨越式提升，全球产业地位迅速提高。截至 2020 年年底，我国轮式起重机保有量为 26.7 万～ 28.9 万台，塔式起重机保有量为 40.5 万～ 43.9 万台。2011—2020 年我国起重机实际需求情况如图 3-6 所示。

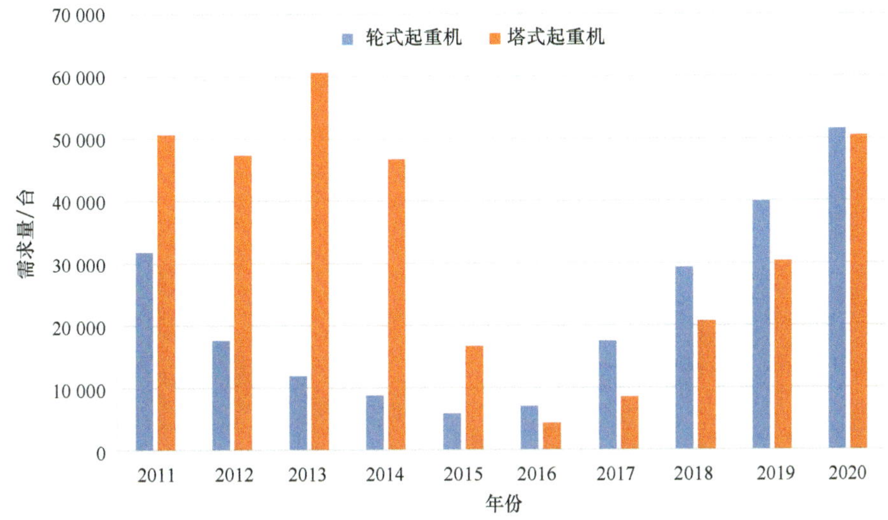

图 3-6　2011—2020 年我国起重机实际需求情况

注：数据来源于《中国工程机械工业年鉴 2021》。

“十三五”期间，超大型起重机的研制和应用取得了丰硕成果。4 000 t 级履带起重机在国内外施工吊装领域成功应用，2 000 t 级全路面起重机、起重力矩为 52 000 kN · m 的大型内爬式动臂塔机等超大型起重机在化工、核电、超高层建筑和超大型桥梁施工中得到广泛应用。

“十四五”期间，工程机械行业重点支持鼓励发展大型起重机械，包括：最大起重量≥ 500 t 履带起重机；最大起重量≥ 100 t，比功率≥ 6 的全路面起重机；最大起重量≥ 70 t，比功率≥ 5.9 的汽车起重机；最大起重量≥ 50 t，基本臂最大起重力矩≥ 2 400 kN · m，最长主臂最大起升高度≥ 48 m 的轮胎起重机；最大起重量≥ 60 t，最大起重力矩≥ 2 000 kN · m 的塔式起重机；最大起重量≥ 85 t，沙漠行驶速度≥ 15 km/h，地面作业不平度≥ 1.5° 的沙漠越野轮胎起重机；最大额定起重量≥ 5 000 t，最大起重力矩≥ 1 000 000 kN·m 的环轨起重机械。建筑起重机械在传动技术领域重点攻关宽调速比传动技术、高可靠制动技术、新材料吊索技术，在控制技术领域重点攻关变频驱动控制技术、环境工况及设备本身信息的大数据采集和应用技术、基于 5G 的数据传输技术、基于 AI 的边缘计算技术、全生命周期管理技术。

（2）桥式、门式起重机　根据中国重型机械工业协会的统计，桥式、门式起重机保持着较为稳定的增长态势。2015—2019年桥式、门式起重机销量如图3-7所示。

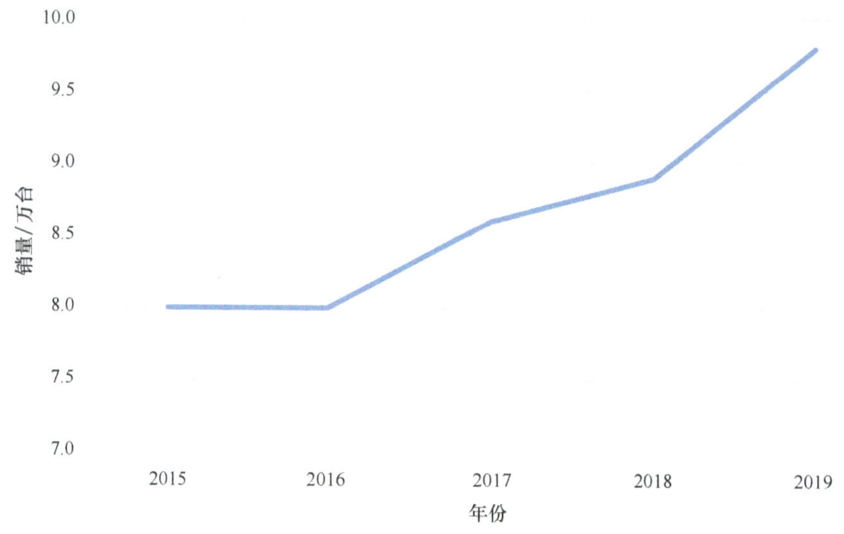

图3-7　2015—2019年桥式、门式起重机销量

注：数据来源于《中国重型机械工业年鉴2020》。

“十三五”期间，桥式、门式起重机行业突破了智能起重搬运、起重机绿色设计、安全监控、寿命评估等关键技术，形成了新一代轻量化节能型通用桥式起重机系列，满足了国家重大工程项目需要。根据《中国重型机械行业“十四五”发展规划纲要》，未来发展的重点是：智能型轻小型起重机，电子葫芦、多种感知吊具，永磁直驱起重机，多功能起重机，无人操作起重机，多机联动智能运行起重机，智能型特种起重机等。

2. 起重机械变频器市场概述

起重机械行业是我国变频器应用的主要行业。低压变频器在起重机械行业主要用于提升和行走设备，主要需求矢量变频器，对控制模式要求较高。从功率上来说，以大型产品为主。

大型起重机的运行环境复杂、恶劣，为保证起重机运行的安全性与可靠性，对起重机控制提出了很高的要求。变频器已经可以应用于大型起重机的大功率提升电动机，使电动机可以在零速低电压起动，并按照实际需要进行平滑调速，减少机械振动、磨损，提高机械部件和电动机的寿命。

应用于起重机的变频器需要具备下列功能：有较大的起动转矩，一般要达到额定转矩的 2 倍以上，且抗冲击性能强，闭环控制，多段速控制方式可以满足机械正常运行要求；保护功能齐全；具备标准接口，能方便地和外部设备进行通信，并能实现远程诊断；动态制动，借助制动断路器实现制动，同时缩短减速的时长。

3.1.4 纺织

1. 整体应用环境

（1）发展现状　“十三五”期间我国纺织行业步入高质量发展的初期阶段，规模减小，资本构成得到优化，产品结构更加合理，关键零部件取得了长足进步，符合节能减排要求的设备不断面市。家纺行业是我国纺织品行业的三大细分行业之一，其产品包括床上用品、毛巾类、窗帘布艺类和其他家纺用品。我国家纺行业既是重要的民生产业，也是具有国际竞争力的优势行业。

2019 年，家纺行业下行压力较大，总体呈现稳定趋缓的发展态势。据国家统计局数据，2019 年 1—11 月，我国家纺行业规模以上企业实现主营业务收入 1 683 亿元，同比下降 0.61%。其中，床上用品和毛巾行业的主营业务收入负增长，同比分别下降 3.11% 和 0.77%；布艺行业整体表现相对良好，主营业务收入增速为 4.45%。

2020 年，随着纺织行业主要经济运行指标逐步向好，纺机行业市场逐步复苏，经济运行指标降幅进一步收窄，整体运行逐渐回暖。在防疫用纺织设备的拉动下，出口达 45.68 亿美元，同比增长 20.75%。

（2）投资　我国是全世界纺织机械与纺织器材专件产品种类最全的国家，纺机行业需要有强大的内需市场和持续开拓国际市场的能力。今后，纺织行业的大规模投资不会太多，存量改造将成为重点，除了纺纱、织布、化纤纺丝领域的发展之外，毛纺、麻纺、产业用纺织品等领域的装备技术创新也值得关注。

2. 客户需求

目前，纺织机械的自动化控制系统逐步从单一机型发展到生产线再到整个车间工厂。未来，纺机行业将呈现数字化、智能化、自动化市场深化发展的趋势，日趋个性化、多样化的市场需求及成本压力促使纺机企业调整产品结构，中高端、高附加值产品将成为企业转型升级的主要方向。

“十四五”期间，纺织工业将建设和完善纤维新材料、产业用纺织品、智能制造、纺织高端装备、纺织军民融合、时尚产业数字技术融合等领域的产业技术创新联盟，并将节能减碳重点工程列入纺织绿色制造重点工程。其中，节能减碳重点工程包括：大力发展化纤、织造、非织造等领域的高效节能技术和装备；棉纺、织造等重点用能设备实施照明、电机、空调空压等用能单元系统化改造。印染行业发展针织物和涤纶连续式印染成套装备，推广低温前处理、冷轧堆前处理和染色、分散染料低温染色和印花、分散染料碱性染色、蒸汽热能分级利用、高效节能定形机、节能型热风烘燥机等节能技术和装备；实施低碳改造和园区节能改造工程。纺织智能加工装备、高技术纺织品装备、纺机企业智能升级、纺织机械共性技术、纺织机械标准体系被列入纺织绿色生产装备重点工程。

节能减排和高自动化水平是印染用户的基本需求，因此高效短流程印染设备更能满足市场需求，自动化、数字化控制技术在设备上的应用为节能减排提供了技术保障。

3. 纺织机械变频器市场概述

在我国能耗行业中，纺织行业虽然能耗量不及电力、能源、造纸等行业，但在所使用的电动机总容量中，只有不到 20% 的电动机是带变频控制的。我国纺机行业的调频控制电机市场占有率不足 15%，而我国的变频器市场在过去 10 年内却保持着 26.8% 的高速增长。随着控制技术、节能技术的应用趋于成熟，纺机行业用变频器市场的潜力巨大。近十年来，各纺机企业在设备电气控制部分广泛采用变频调速节能技术，并在风机、加热系统、压缩机等通用设备系统上采用变频调速节能措施，使交流电动机变频调速技术在纺织机械设备领域得到全面推广。我国纺织企业使用的 20 世纪七八十年代生产的设备占所有设备的 30% 左右，但总耗电量占 30% ～ 50%。其中，交流电动机占 75% 左右。现在我国纺织企业各类电动机的运行效率加权平均值比国外低 3 ～ 5 个百分点，加热系统和泵的效率比发达国家低 2 ～ 3 个百分点，整体所用的电机驱动系统运行效率比国外低近 20%。如果按电动机总容量的 10% 进行改造，按年平均运行 4 000 h 计算，节电率可达 20% ～ 25%。由此可见，电机系统节能是目前我国纺机行业变频器发展最具潜力的方向。

变频技术应用的主要模式包括：取代传统速度调整，在纺机运行过程中，可以在不对齿轮进行调换的情况下直接进行调速；直接驱动传动件；由变频调速、计算机控制技术组成随机控制及高精度同步系统，直接控制生产工艺的运转与协调，实现优质、低耗以及高产要求。低压变频器在纺织机械行业的应用以小功率设备为主，在华南、华东地区分布较多。

3.1.5 机床

1. 整体应用环境

（1）现状 机床被称为“工业母机”。经过 70 多年发展，我国机床工具行业在技术水平、制造能力等方面飞速发展，形成较大的产业规模，建立起较完整的产业体系。当前机床工具市场呈现出需求总量波动性收缩、需求结构调整和升级的主要特征，行业结构和平衡被打破。

自 2012 年以来，机床工具行业连续波动下行。受固定资产投资增速持续回落影响，2019 年我国机床工具行业运行总体上呈下行趋势，收入、利润、产量、产值等主要经济指标同比下降，行业亏损面扩大。

“十三五”期间，机床用户需求结构升级，国内机床消费市场低位波动运行，机床总需求处于下行周期。2016—2019 年，我国机床累计消费额为 1 093.1 亿美元，占世界机床总消费额的 34%，位列世界第一。2019 年我国金属加工机床消费额达到 223.1 亿美元，同比下降 23.5%；其中，金属切削机床消费额为 141.6 亿美元，同比下降 21.8%；金属成形机床消费额为 81.5 亿美元，同比下降 26.2%。2001—2019 年国内金属加工机床消费额变动趋势如图 3-8 所示。

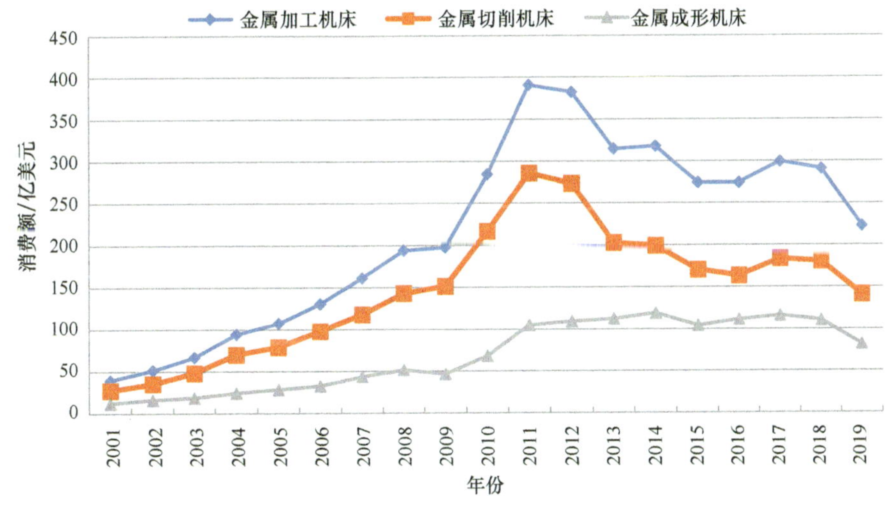

图 3-8 2001—2019 年国内金属加工机床消费额变动趋势

注：数据来源于中国机床工具工业协会。

数控机床是一种装有程序控制系统的自动化机床。该控制系统能够逻辑地处理具有控制编码或其他符号指令规定的程序，并将其译码，从而使机床动作并加工零件。数控机床行业是技术密集、资金密集、人才密集型产业，上游行业主要为数控系统、钢铁铸造、机械配件制造、电子元器件等行业，上游材料价格的波动与行业具有较强的关联性，下游需求行业广泛。

在国家政策的支持以及国内企业不断追求创新的背景下，我国数控机床行业发展迅速，行业规模不断扩大，在国际市场中的地位也逐渐提升。根据前瞻产业研究院的资料，我国数控机床的市场规模从 2018 年的超 3 300 亿元，发展到 2020 年的 4 400 亿元以上，金属切削机床数控化率从 2015 年的 31.15% 上升至 2020 年的 43.27%。2019 年数控机床销量情况如图 3-9 所示。

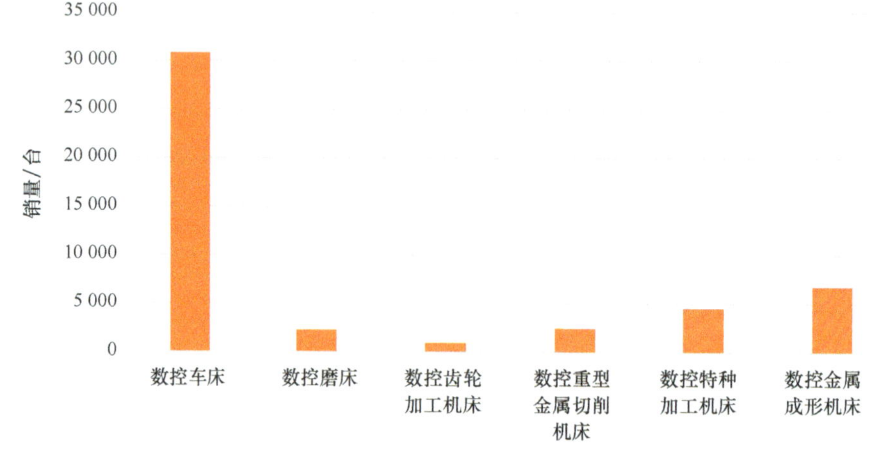

图 3-9　2019 年数控机床销量情况

注：数据来源于中国机床工具工业协会。

“十三五”期间，我国机床行业发展的显著特点是以需求为引领，根据用户需求提供定制化全面解决方案，主动与用户联合预研新需求和新工艺，在功能上考虑适应自动化和信息化接入的标准，并预留接口。

2. 机床行业变频器市场概述

机床行业对变频器的功能要求相对较低。金属切削机床对变频器的功能要求是：低频转矩提升，宽频输出。数控机床要求主轴驱动必须有以下性能：宽调速范围，在断续负载下电动机转速波动小，加减速时间短，过载能力强，噪声低，振动小，寿命长。因此数控机床主轴采用变频调速，在调速范围、速度精度、定位功能、机械结构简化方面具有较明显的优势，增大了控制范围，提高了控制精度和控制效率，实现了主轴的无级调速。

低压变频器在机床行业主要应用于主轴，以小功率应用为主。

3.1.6 电梯

1. 整体应用环境

我国电梯行业起步较晚，改革开放前为年产几百台的小行业。改革开放以后，大规模的经济建设给我国电梯行业带来了空前的发展机遇。近十年来我国电梯行业迅速发展，城市化、轨道交通、公共设施建设、人口老龄化、消费升级等因素持续带动行业发展，产业市场规模不断扩大。2019年我国电梯整机厂家约700家，产量超100万台，外资品牌电梯的出货量约占70%，市场竞争异常激烈。

行业的良好发展势头吸引了资本的进入，德国威特、西班牙塞维拉等一些优秀的电梯配件公司在我国建立了合资企业，一批内资配件生产企业也迅速发展起来。目前我国有电梯安装、改造、修理资格证的企业约1.2万家，主要从事电梯销售代理、安装、改造、修理、维保等业务，承担了国内约70%的在用电梯维护保养。

我国是全球电梯制造中心和最大的电梯市场，全国电梯采购额总体处于平稳增长态势，2019年我国通过公开招标完成的电梯采购项目总金额超过76.6亿元。2019年我国电梯行业存续企业37 126家，电梯生产达98万台，相比2018年增长15.3%，出口8.5万台。全球超过70%的电梯制造业务在中国，电梯总保有量达到了全球总量的40%以上。

2. 电梯市场需求

房地产是电梯产品最大的需求者，大约60%的电梯需求和房地产直接相关。电梯行业与房地产投资高度关联，影响着变频器在电梯行业的发展，见表3-1。

表3-1 电梯产量与房地产投资相关分析

年份	房地产投资/万亿元	产量/万台	房地产投资增长率（%）	产量增长率（%）	相关系数
2000	0.50	3.8	22	15	0.76
2001	0.63	4.6	27	21	0.73
2002	0.78	6.3	23	37	0.81
2003	1.02	8.4	30	33	0.83
2004	1.32	11.0	30	31	0.84
2005	1.58	13.5	20	23	0.86

（续）

年份	房地产投资/万亿元	产量/万台	房地产投资增长率（%）	产量增长率（%）	相关系数
2006	1.94	16.8	23	24	0.87
2007	2.53	21.7	30	29	0.86
2008	3.06	24.3	21	12	0.79
2009	3.62	26.3	16	8	0.73
2010	4.83	33.4	33	27	0.69
2011	6.17	45.7	28	37	0.74
2012	7.18	52.9	16	16	0.74
2013	8.60	62.0	19.80	18	0.73
2014	9.50	70.0	10.50	12	0.74
2015	9.60	76.0	1.03	7.90	0.79
2016	10.17	77.6	6.90	2.10	0.76
2017	10.98	80.7	7.00	4.38	0.73
2018	12.06	85.0	9.50	5.0	0.70
2019	13.22	98.0	10.00	15.3	0.74

注：数据来源于国家统计局、中国电梯协会、《中国电梯行业商务年鉴》。

城镇化需求和出口增加、电梯老龄化的自然淘汰、政策及安全标准颁布加速了电梯淘汰进程，为电梯产业发展提供了刚性需求。目前，国内电梯行业已经由高速发展阶段进入平稳发展阶段，每年新增产量变化较小，但是增速已经开始下滑。根据国家市场监管总局特种设备局的统计，截至 2019 年年底，我国注册在运行的电梯总量达到 709.75 万台，当年新增 81.92 万台，梯龄在 20 年以上的约 26 万台。

随着老龄电梯比重的逐渐上升，市场对于维保、旧梯改造的需求将显著增加。在用电梯修理保养、老旧电梯更新改造及老旧小区改造过程中的旧楼加装电梯仍是电梯市场发展的重要驱动力。2019 年，全国通过公开招标、竞争性谈判和询价等采购方式实际共完成电梯采购项目 3 011 个，采购总金额约 76.6 亿元，比 2018 年减少 8.5 亿元。采购数量和金额虽有下滑，但整体保持增长状态。新梯市场主要依靠保障房建设、棚户区改造、城市轨道交通建设、公共基础建设等方面，2019 年保障房电梯采购金额达 15.87 亿元，居细分市场第一位。除此之外，还有一个重要的市场 —— 旧楼加装电梯。

根据住建部的全面摸查结果，截至 2019 年 5 月，全国待改造城镇老旧小区约 17 万个，涉及居民上亿人。自 20 世纪 80 年代以来，我国建成未加装电梯的既有建筑有 80 亿 m^2，多数为房改房。目前登记在册且继续使用的房改房，按照可操作性预估有 5 000 万户。据预测，旧楼加装电梯市场至少有 10 ～ 15 年的发展空间，若解决全国所有老年人的上下楼问题，至少需要加装 280 万部电梯，总投资可达 7 500 亿元，将带动社会全产业链的发展。

“加装电梯”连续第三次被写入《政府工作报告》。2018 年《政府工作报告》中提到有序推进城中村、老旧小区改造，完善配套设施，鼓励有条件的加装电梯。2019 年“鼓励有条件的加装电梯”变成“支持加装电梯”，明确指出“城镇老旧小区量大面广，要大力进行改造提升，更新水电路气等配套设施，支持加装电梯，健全便民市场、便利店、步行街、停车场、无障碍通道等生活服务设施。”2020 年，政府持续加大民生工程建设力度。2020 年 4 月 14 日，国务院常务会议明确，2020 年各地计划改造城镇老旧小区 3.9 万个，涉及居民近 700 万户，比上年增加一倍。在这一大背景下，各级政府也推出了一系列支持加装电梯的具体政策，电梯加装市场逐渐呈现出井喷式增长。

3. 电梯行业变频器市场概述

低压变频器在电梯行业主要用于提升和皮带设备。提升设备主要用于直梯提升，对控制模式要求较高，以闭环矢量控制为主；皮带设备主要用于扶梯和门机。从应用实际情况看，现阶段我国对电梯的安全性和速度提出了更高的要求，也强调了电梯乘坐的舒适性。变频调速技术可以针对电梯的实际运行状况做出各种响应，使电梯长时间保持较高的运行水平，有效提升电梯乘坐的舒适性。

3.1.7 电力

1. 整体应用环境

（1）现状　“十三五”时期，我国电力继续保持较快增长，电力清洁低碳发展进入新阶段，电力高质量发展取得新进展。

电力清洁低碳转型取得新成效。非化石能源消费比重从 2015 年的 12.1% 提高到 2019 年的 15.3%。2019 年，非化石能源发电装机容量 8.4 亿 kW，占比 42.0%，较 2015 年提高 7.2 个百分点。截至 2020 年年底，全国全口径非化石能源发电装机容量 98 566 万 kW，比上年增长 16.8%。

2020 年，全国新增发电装机容量 19 144 万 kW。其中，新增水电 1 313 万 kW（其中，新增抽水蓄能 120 万 kW），新增火电 5 660 万 kW（其中，新增煤电 4 030

万 kW，燃气 824 万 kW），新增核电 112 万 kW，新增并网风电装机容量 7 211 万 kW，新增并网太阳能发电装机容量 4 820 万 kW。

在“碳达峰、碳中和”目标下，电源发展动力由传统煤电向清洁能源转变，推动煤电与可再生能源协调发展，降低电力碳排放强度，助力碳排放达峰。

“十三五”以来，非化石能源发电量增量占全社会用电量增量的 52.3%，单位发电量二氧化碳排放强度累计下降 50g/（kW • h）。2020 年，全国单位火电发电量二氧化碳排放约 832 g/（kW • h），比 2005 年下降 20.6%；全国单位发电量二氧化碳排放约 565 g/（kW • h），比 2005 年下降 34.1%。累计完成替代电量 2 252.1 亿 kW • h，比上年增长 9.0 %，替代电量逐年提高。

以 2005 年为基准年，从 2006 年到 2020 年，通过发展非化石能源、降低供电煤耗和线损率等措施，电力行业累计减少二氧化碳排放约 185.3 亿 t。其中，非化石能源贡献率为 62%，供电煤耗降低对电力行业二氧化碳减排贡献率为 36%，降低线损的二氧化碳减排贡献率为 2.6%。

（2）投资　2020 年，全国主要电力企业合计完成投资 10 189 亿元，比上年增长 22.8%。全国电源工程建设完成投资 5 292 亿元，比上年增长 29.5 %。其中，水电完成投资 1 067 亿元，比上年增长 17.9%；火电完成投资 568 亿元，比上年下降 27.3 %；核电完成投资 379 亿元，比上年下降 18.0 %；风电完成投资 2 653 亿元，比上年增长 71.0%；太阳能发电完成投资 625 亿元，比上年增长 62.2%。2015—2020 年我国电源工程建设投资完成情况如图 3-10 所示。2020 年我国各种电源工程建设投资比例如图 3-11 所示。

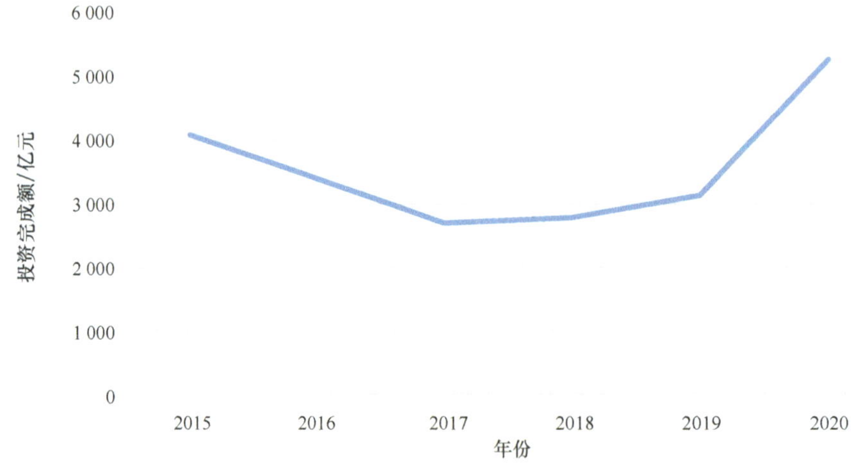

图 3-10　2015—2020 年我国电源工程建设投资完成情况

注：数据来源于中国电力企业联合会、国家能源局。

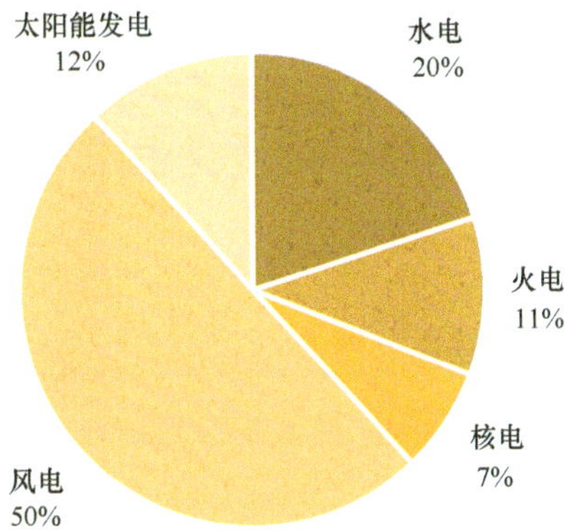

图 3-11　2020 年我国各种电源工程建设投资比例

注：数据来源于中国电力企业联合会。

（3）发展趋势　在 5G、物联网等高新技术的影响下，我国电力行业进入了转型升级的新时期。根据 KPMG（毕马威）联合国网能源研究院有限公司对我国电力行业专家及从业者进行的问卷调查，我国电力行业主要有数字化、清洁化、透明化、国际化和电气化五个发展方向，其中数字化与清洁化将是未来我国电力行业发展的主要方向。大部分受访者认为分布式能源的终端客户、新能源电力企业以及科技、互联网企业或将成为未来电力行业主要的竞争者。电力行业新进市场参与者比例预测如图 3-12 所示。

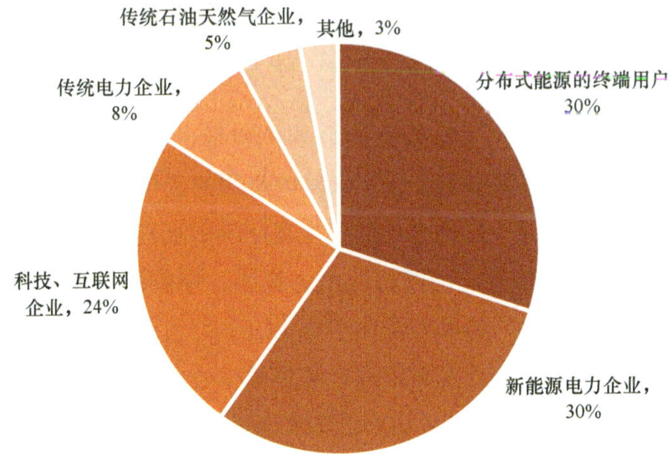

图 3-12　电力行业新进市场参与者比例预测

注：资料来源于前瞻产业研究院。

根据《2030 中国电力场景展望》报告，电力行业在相关技术和国家政策的推动下逐渐转型与扩张。未来电力行业或将受电力改革及储能、特高压、人工智能等技术的驱动而迅速发展，同时也可能受到国际政治环境、石油价格以及贸易保护政策变动的影响。

2. 产品规模

电力一直是中高压变频器最大的应用行业，贡献了大约 30% 的市场。电厂发电机组越多，则高压变频器越多，但装机数量与机组容量无必然联系。

目前，火电领域 98% 的电厂已经安装高压变频器，未安装高压变频器的电厂主要为老电厂和效益较差的电厂。其中，已装高压变频器 10 台及以下的电厂占 41%，10 ～ 20 台的电厂占 49%，20 台以上的电厂占 10%。可变频调速的负载中，80% 已经安装高压变频器；10% 未安装高压变频器，采用工频运转或半负载运行；10% 采用其他调速方式，如动叶可调、永磁调速、液力耦合器、高低速电动机等。

垃圾发电领域 73% 的电厂已经安装高压变频器。所有电厂高压变频器的装机数量均为 10 台及以下，主要是垃圾焚烧发电机组的容量小，需高压变频调速的负载不多。垃圾发电行业的引风机和循环水泵都可以安装中高压变频器。可变频调速的负载中，70% 已经安装高压变频器。垃圾发电领域对高压变频器的需求较低，主要有两个原因：一是垃圾发电机组容量不大，可变频调速的负载功率较低，采用低压变频器即可；二是，垃圾发电的主要利润来自垃圾清理补贴，以处理垃圾为主，对节能要求不高。

3. 客户需求变化趋势

（1）燃煤电厂　五大发电集团的总装机容量占所有火力发电装机容量的 47%，再加上神华以及华润集团，这 7 家发电集团的火电装机容量占所有火电装机容量的 57%。其他还有一些地方性的发电集团例如浙能集团、粤电集团、国投电力、北京能源、河北建设、山西国际电力集团、申能集团等占据 20% ～ 30% 的装机容量。企业自备电厂装机容量在 10% 以下。

火力发电靠近负载中心或者靠近煤矿等资源中心。山东、江苏、广东、浙江这些经济发达的省份以及内蒙古、山西、安徽这些资源大省都是火电集中的区域。前十大省份的火力发电装机容量占所有火电装机容量的 62%。

电厂刚开始安装变频器时以进口品牌产品为主，近年来由于燃煤电厂使用的变频器主要是用于泵或者风机的通用变频器，而国内品牌的技术性能已经基本能够满足需求，所以国内品牌已经占据了燃煤电厂用变频器的主要市场。目前煤电厂中主要的变频器品牌包括智光、利德华福、合康等，东方日立、东芝三菱也有很多的安装存量，这5家公司占电厂存量的40% ～ 50%。

10年前，变频器还主要是进口品牌产品时，每千瓦的价格超过1 000元，随着利德华福、智光、合康等国内厂家的技术逐渐成熟，变频器的价格逐渐下降。近年来，竞争激烈以及原材料价格的下降使得变频器单价逐年降低。近五年进口品牌的价格为每千瓦400 ～ 500元（不含税的平均价格），国内品牌的价格为每千瓦200 ～ 300元。

（2）垃圾发电　垃圾发电项目主要分布在东部地区，原因之一是垃圾处理补贴成本较高。垃圾发电厂的覆盖半径通常是50 km，超过这一距离，垃圾的运输成本就会明显提高，垃圾发电厂项目的投资回报期就会加长。目前、广东、江苏（60%焚烧）、山东、浙江、福建（100%焚烧）等省的垃圾发电厂项目大约占存量市场的一半，也就是说华东、华南地区垃圾发电项目比较多。

垃圾发电项目通常由投资方进行变频器采购。目前市场上主要是新投资的垃圾发电厂项目，其按照开工时间和工期确定采购时间，电力设备的采购通常在后期进行。垃圾发电发展的时间比较短，更换的项目很少，只有一小部分改造项目，如用低电压设备改高电压来节能。

4. 市场需求分析

（1）燃煤电厂　对所有存量火力发电装机而言，适合安装变频器的装机容量占发电总装机容量的比例是2% ～ 2.5%。改造项目主要针对两点：①适合安装但是没有安装变频器的设备，出于节能的需要安装变频器。②原来不适合安装的场合现在适合安装。如为了保证脱硫浆液泵的可靠性而安装变频器，随着变频器可靠性的提高，有的电厂也开始在脱硫浆液泵安装变频器；随着火电厂利用小时数的不断减少，更多的火力发电厂参与调峰，以前由于满负载运转没有装变频器的设备（如给水泵等）现在不能满负载运转，也开始装变频器，以达到节能的目的。

新建和改造需求占整个需求的60%～70%。按照高压变频器10～15年的寿命周期，目前每年有5%～6%的变频器需要更换，这一比例会逐渐增加到7%～8%。按照80%的安装率，现在已经安装的变频器容量大约有1 700万kW，这会带来80万～100万kW的更换需求，占每年市场容量的30%～40%。

全国煤电装机容量规模在11亿kW以内，2017—2020年，每年煤电装机容量大约为 4 000 万 kW。近两年，由于新增装机中大容量机组的比例越来越大，适合安装变频器的比例在 1.5% ～ 1.8%。按照 1.8% 的变频器安装比例，可以带来大约 70 万 kW 的变频器容量新需求。随着新增装机中容量为 100 万 kW 的机组越来越多，更换需求的比例会更高，新建需求的比例会逐渐降低。

（2）垃圾发电厂　一般给水泵、一次风机和二次风机在小容量电厂是低压供电，只有日处理量 500 t 以上的锅炉才可能用高压供电。近两年，国家鼓励 200 kW 以上的低压电改为高压电，促使一些小容量电厂也用高压供电，这增加了一些变频器需求。

垃圾发电厂的厂用电率通常为 12% ～ 18%，大概 1/3 的负荷适合安装变频器，也就是相当于发电机容量 5% 左右的变频器适合安装在垃圾发电厂。

目前每年新增的垃圾发电装机容量大概有 50 万 kW（30 ～ 40 个项目），变频器的潜在需求是 2.5 万 kW。按照 370 元 /kW 计算，年市场规模大概为 1 000 万元。

3.1.8　其他

1. 船舶

船舶电力推进行业未来是向着大型化和微型化方向发展。大型化主要体现在大功率上，主要来自大型邮轮、半潜船、海工平台的需求，要求 10 ～ 40 MW 级别的推进功率，目前主要依赖进口。微型化体现在功率密度上，主要是游艇、客船等的应用需求，在满足功率要求的情况下尽量减小变频器的体积空间，满足船舶的总体布置需求。

在船舶起重机中安装机械电气装置可大大提高系统工作效率，要求其在起动较为频繁的工况下平稳冲击力较小，调速幅度大。

2. 矿山

变频器在该行业主要用于风机、带式输送机、刮板输送、提升设备等。皮带应用对变频器的同步和软起动功能有比较高的要求；提升应用对变频器转矩要求比较高，使用的变频器以大功率为主。变频器在磨机系统、洗选煤设备上也有较广泛的应用。

3. 食品包装行业

受行业政策调整影响，乳制品、啤酒、饮料投资动力十足。未来，农副食品加工和饮料制造业投资增速将保持持续增长态势。

低压变频器在该行业主要用在辊、主轴、带式输送机等设备上。该行业对控制模式要求不高，一般仅要求变频器具有调速功能。药品安全标准日益严格将带动高端、绿色包装机械需求增长，加速包装机械行业自动化水平的提高。

3.2 产业应用新动向

3.2.1 产业营销模式变化

1. 用户购买特点

变频器行业的主要服务对象是企业型客户，企业型客户的购买动机更加理性，除了货比三家、投标竞争外，他们更容易受到参照群体的影响。在选择变频器时，一般会考虑相关行业应用经验、行业口碑等。而行业中客户满意度 =（效用 - 成本）/期望，其中效用主要包括产品价值和服务价值。产品出现同质化后，服务是增加效用的主要手段。

由于变频器出现故障会造成整套设备停机、企业停产，企业型客户对采购风险非常敏感。在购买时，会增加调试服务、保修期、出现故障时变频器企业的响应等附加条款，这些附加条款就是变频器企业的服务内容。

2. 销售模式

在信息时代的今天，变频器企业单靠技术、质量或者价格取胜越来越困难。企业或者不断进行技术创新，拉大与竞争对手的距离，这需要企业具有强大的研发能力并长期坚持与投入；或者通过服务来拓展企业生存与发展的空间。在经营模式趋同、有形产品和技术容易被模仿、价格竞争激励的市场中，服务对变频器企业市场竞争力的提升有更独特的作用。企业通过服务加强自身竞争力，形成独特的市场优势，获取稳定、更高的利润。

变频器行业一般采用直销与渠道销售并存、以渠道销售为主的销售方式。在变频器厂商与分销商协作互补的模式下，许多厂商将附加值较低的售后服务赋予渠道商，附加值较高、涉及产品核心技术的增值服务仍然由厂商提供。促使客户采购的主要原因除了价格，更重要的是价值，而这个价值就是由厂商和渠道商所提供的服务。为了更好地服务客户，增值服务在服务包中的占比越来越大。

变频器具有价值高、功能多、保养维护专业性强等特点，需要向客户提供全面、可靠的维护保障，指导其正确使用变频器，协助其全面开发变频器的功能等。服务延长了企业的价值链，企业可以在整个产品生命周期内寻找价值点，实现盈利模式的多样化。系统配置支持、售后服务等可以作为产品支持，特殊软件、二次开发程序、整体化解决方案等服务可以单独销售，实现服务与产品相互协同。

3.2.2 客户需求模式的变化

当变频器刚刚进入市场时，其高技术的属性使很多企业将使用变频器作为提升本企业产品、技术的途径。这时要求变频器企业提供的服务很少，仅需与传统制造产品的服务要求相似即可。

随着变频器生产企业的增多，市场的逐渐饱和，客户对于服务的要求开始提高，但还主要基于产品的附加服务，如购买变频器时得到尊重，获得指导；遇到故障时，能得到及时、有效的维修。

随着变频器应用愈加广泛，客户对变频器企业有了更多细分需求。

（1）对品牌影响力的需求　借助变频器在特定行业的品牌影响力，在这些行业中提高自身产品的档次。

（2）对行业解决方案的需求　当进入相对陌生的行业时，客户希望能够获得变频器企业提供的行业解决方案，以解决其遇到的技术瓶颈。

（3）对个性化的需求　行业解决方案更趋近于通用模式，行业领先企业希望获得个性化的解决方案，不易被模仿，有利于巩固和扩大行业地位。

当变频器被普遍使用、技术相对成熟时，客户将关注点放在自身的业务要求上，如何实现这些要求则依靠变频器企业给予专业化的建议和指导。如水处理行业中，水厂要求供水保证率达到95%～99%，在枯水期和丰水期如何达到目标，就需要变频器企业根据其自身专业化知识，给予一个整体化解决方案。

当变频器技术高度发展，行业进入成熟期后，由于企业间技术、质量、价格等方面相差不大，客户会对品牌影响力、研发能力和营销服务网络等开展考察，品牌影响力成为主要的差异化因素。研发能力强、能够开发出技术含量更高的新产品，是企业获得客户青睐的重要因素，因为选用这些企业的产品可以更方便地解决自身遇到的问题。同时，客户希望变频器企业的营销服务网络能够覆盖其业务范围。例如，船东会选用在全球都有营销服务网络的船用变频器，可以在停靠的城市进行维护和保养。

3.2.3 企业服务模式的变化

在变频器起步发展阶段，变频器企业提供的是售后服务（不包括售后调试），与传统制造业相类似，在产品发生故障后由客户将其送回厂家维修。这个阶段，企业一般不重视售后服务，会鼓动客户重新购买产品，服务的占比微弱。此阶段的变频器属于高科技产品，且为进口产品，英文操作界面，一般的工程师很难进行调试。

随着国内电力电子技术和微电子技术的发展，2000年左右国产变频器得到初步发展。此时的国产变频器企业最关心技术和成本，服务仅限于完善变频器产品的一种附属手段。

在受到国产变频器的冲击后，国外变频器企业开始将附加服务外包，以降低成本。国外变频器企业此时已在国内市场经营几十年，建立了丰富的渠道资源。利用分销渠道，他们将全国划分成几个大区，在每个大区中授权一级经销商作为售后服务中心，同时要求所有签约经销商都要培训、配置自己的售后调试人员。

随着变频器技术的进一步成熟，产品的同质化现象越来越严重，客户拥有了多种品牌选择方案。这时，增值服务成为竞争差异化的手段。借助变频器的智能性和再开发性，变频器企业可以提供多种增值服务。如整合在某些行业中的成功应用经验，开发出适合该行业的专业应用宏，还可以开发出特殊应用宏满足客户个性化的需求；开放二次开发功能，由客户在标准变频器产品基础上，开发出具有自己技术产权的产品。这些增值服务帮助企业实现了产品差异化，而包含更多增值服务的变频器产品为企业带来了更多的利润，有的增值服务可以与有形产品一样被定价、单独销售，这时的服务成为价值创新和产品增值的手段。

随着变频器市场的进一步饱和，市场开始细分，客户对于变频器不同的要求也不同程度地推动了增值服务的细分。当企业进入相对陌生的行业时，希望能够获得针对该行业的解决方案。或者，企业通过购买行业解决方案，将变频器作为附属实物产品进行购买。在这种模式下，变频器企业要完成由“以生产为中心”向“以服务为中心”的转型。这时，变频器企业必须充分了解目标客户，理解客户的需求，在熟悉自身产品系列和其他合作伙伴产品、服务的基础上，通过产品配置提供专业化的解决方案，满足客户的不同需求。这时的企业与客户是相互合作、互惠共赢的关系。企业的业务模式，如定价模式、业务流程、项目管理方式等，也随之发生根本性的改变。

随着科技含量在制造业产品中的比重越来越高，制造业中的很多企业开始将附加值较低的产品制造业务外包。当变频器企业能够提供领先行业的产品、经营和服务时，就可以采用轻资产经营模式，专注品牌发展、产品研发和营销服务的扩展。利用营销服务网络不仅可向客户提供服务，也可以充分调研、了解目标市场的需求，研发出适合目标客户的产品，在产品性能、设计理念等方面占据领先地位。

3.2.4 四种服务模式

变频器企业在从传统的产品制造商转变为以发展客户关系为基础的服务提供商的过程中，进化出了四种服务模式，分别是“产品 + 附加服务”模式、“增值服务”模式、“整体化解决方案”模式和“去制造化”模式。

1.“产品 + 附加服务”模式

“产品 + 附加服务”模式以产品为中心，“服务”被变频器企业当作成本，是产品的附属。这种模式一般出现在产品供不应求的市场环境中，潜在市场大，同类竞争产品少，客户对产品的依赖性强。

2.“增值服务”模式

“增值服务”模式以客户需求为中心，通过分析客户需求，提供相应的增值服务，实现产品的差异化。“服务”被当作企业的盈利点，由专门的技术支持部门开展服务。产品是服务的载体，服务又增加了产品的价值，实现了差异化和个性化。其内容一般包括以下几个方面：

1）利用企业在某个行业中的品牌优势，帮助客户提高产品市场定位。变频器品牌在某些行业的优势非常强时，就会获得该行业最终客户的认可。变频器的采购商希望通过使用该款变频器使自己的产品得到最终客户的喜爱。这时，依靠变频器品牌进行增值，而不需要进行价格竞争。

2）针对目标市场研发特殊应用软件。变频器厂家针对不同应用开发出相应的应用软件，如适合远程控制的“本地 / 远程”应用宏、适合 PID 控制的“PID 调节”应用宏、适合泵类控制的“风机 / 泵控制”应用宏等，再比如安川开发的“起重应用”软件、汇川技术开发的“电源控制”软件、伟肯开发的“高速控制”软件等。特殊应用软件不是标配，需要额外付款。

3）提供二次开发的产品，由客户按照个性化需求对变频器进行二次开发。有些客户希望有自己的二次开发程序，一方面使自己购买的变频器区别于通用变频器，让产品具有个性化特点；另一方面通过二次开发，客户保护了自己的知识产权。

4）按照要求，为客户量身定做变频器。对于订单稳定，但是对变频器有特别要求的客户，变频器企业可以为其量身定做一款变频器。如伟肯不仅为迅达电梯量身定做变频器，而且单独为其设计了一条变频器生产线。

3.“整体化解决方案”模式

“整体化解决方案”模式以客户应用为中心，这时企业考虑的是为客户解决存在的问题。提供整体化解决方案是主要利润点，产品只是实现解决方案的物理载体。这种服务模式对变频器企业有较高的要求：销售人员既要熟悉本企业产品，还要熟悉相关行业的工艺流程；针对不同的客户，不同的整体化解决方案，有对应的业务模式；由于是在整个产品生命周期内连续向客户提供服务，解决方案的执行需要持续很长时间，需要寻找到有实力的客户。

4.“去制造化”模式

这种模式下，服务成为企业发展的根本。实施这种服务模式的变频器企业，要求品牌影响力大、研发能力强、营销服务网络覆盖面广。在变频器行业，“去制造化”的模式还处于初步摸索阶段，到现在为止，还没有可以借鉴的成功案例。

服务直接影响着企业的盈利能力、市场竞争力和客户满意度，变频器企业也借此将其与客户的关系从简单的买卖交易型转变为认知和知识相融的关系型，拓宽了生存与发展的空间。

第 4 章

产业发展趋势

4.1 国内变频器产业发展和需求

4.1.1 总体情况

我国变频器行业从起步阶段到目前趋于成熟经过了二十几年，发展十分迅速。进入 21 世纪，技术的革新和激烈的市场竞争给变频器产业带来长足的发展动力和空间，推动国内变频器行业迅速发展，我国变频器市场的增长速度超过 20%，远远高于近几年 GDP 的增长水平。我国针对多个节能环保产业的发展推出的相关优惠政策和税收方面的支持，给生产节能环保设备的企业带来多方面的利好，也让变频器产业受益颇多。在一系列节能环保政策的指引下，变频器应用越来越广泛。

变频器具有比较明显的节能环保优势，工业传动系统中有大量的电动机应用。电动机是工业用电的大户，其用电量占工业用电总量的 75%，因此电动机节能当属工业节能关键。变频器是工控系统的重要组成设备，安装在电动机前端可以实现调速和节能。变频器的节能效果与应用环境的工况参数相关。电动机运行工况的参数设置是否合理、所带负载的变化特性，以及设备的调节、调速方式均可以直接影响变频器的节电效果。据测算，使用变频器的电机系统节电率普遍在 30% 左右，某些场合可达 40% ～ 60%。

在过去的几年，国内变频器市场保持着较高的增长率，在纺织机械、空调、电梯、冶金等行业得到广泛应用。受益于节能减排、绿色环保等战略的拉动，未来变频器将在电力、冶金、煤炭、石油化工等领域保持稳定增长，在市政、轨道交通、电梯等领域需求进一步增加。

根据我国目前电动机装机总量、电动机配装变频器的比例、国家对节能降耗的规划目标、我国经济发展速度等因素，考虑到国内庞大的保持持续稳定发展的产业群，企业对提高国际竞争力的需求，居民生活质量的提高等，我国的变频器市场潜力还很大。未来几年，受政策驱动，具有高效节能功能的高压变频器市场将持续增长，到 2025 年，高压变频器的市场规模将突破 200 亿元。随着国内市场需求的扩大，低压变频器市场容量将进一步扩大，2020—2025 年低压变频器市场规模逐年小幅增长，预计到 2025 年，我国低压变频器市场规模将达到 400

亿元以上。

行业将呈现以下两个发展趋势：

一是，更多资本进入变频器行业。目前有十余家变频器公司正式踏入资本市场，随着国家政策的支持，未来会有更多的企业融资上市。这将有利于企业充分利用资本市场的力量在营销创新、市场开拓等方面实现全面、快速的发展；有助于企业在未来的发展中以更加严格的要求规范经营，建立更加科学合理的法人治理结构，有效提高运作管理水平；有助于实现企业自身的社会价值，吸引更多优秀的人才加入队伍，为企业的持续发展储备力量。从而实现对社会负责、对行业负责、对用户负责、对员工负责、对股东负责的使命。

二是，国产品牌变频器将逐步替代外资品牌变频器。国内龙头企业借鉴国际先进的企业管理经验并结合本土民营科技企业的实际情况，使企业运转更加规范化、人性化，有益于效率的提高和长远发展。在产品研发方面，坚持高投入，不断创新，引领行业发展。得益于国家推进制造业高质量发展、“双碳”目标的制定以及行业自律机制的不断完善，国产变频器企业将更加快速、健康地发展。

综合考虑变频器自身优势、行业及市场的发展速度、现状及潜力、良好的宏观环境，我国变频器行业的发展前景十分乐观。

4.1.2 国内外品牌使用情况

变频器在国内市场的推广应用始于20世纪90年代初，此时欧美、日本等发达国家的变频器技术、产业发展得比较成熟，国内需求基本靠从国外进口变频器来满足。随着国内变频器行业的发展，外资品牌的垄断状态逐渐被打破。就竞争的本质来说，国内品牌与外资品牌的竞争对于促进行业的发展具有一定的积极作用。国内变频器企业不断缩小与国外企业的技术差距，通过技术攻关和质量控制确立国产变频器的本土化应用竞争优势。虽然目前我国500亿元的变频器市场中，外资品牌仍占据主导地位，但国内品牌在管理、资金、技术等方面与外资品牌的差距正逐步缩小。若干领先的本土企业例如汇川技术等，已经在产品销量、研发及产品质量等指标上与外资品牌接近。

当前应用在国内关键设备上的主流变频器品牌仍旧是一些外资品牌，如ABB、西门子等。外资品牌占据关键设备的大部分市场份额，这一状况已经持续了很长一段时间。虽然从技术和产品角度而言，国内企业日趋成熟，原先少有涉足的高端应用领域如今都可以看到其身影，但实现逆袭还需要努力。

因此，在与国外知名变频器品牌产品的竞争中，国内变频器企业在巩固中低压变频器市场地位的同时，应加速推进向高端化的产品结构转型。通过与变频器用户深入交流，应用前沿技术，开发生产令用户满意的高端变频器产品，利用产品研发和产品创新，建立品牌优势，实现品牌发展。

国内变频器技术日趋成熟，应用的场合已非常广泛。当工厂成本压力越来越高，能源使用效率需要更上一层楼时，提升电力系统整体能效是新的难题。这需要系统中的各个设备高度匹配，如某企业用外资品牌变频器搭载自己的电动机、控制器，能效提升了30%。这一趋势不仅体现在同品牌产品中，在实际工厂生产中，不同品牌产品间的协作性能挖掘也将是未来的亮点。

4.1.3 产品功能的发展与需求

变频器是应用变频技术与微电子技术，通过改变电机工作电源频率来控制交流电动机的电力控制设备，主要由整流、滤波、逆变、制动单元、驱动单元、检测单元、微处理单元等组成。它还有很多的保护功能，如过电流、过电压、过载保护等。从我国制造出第一台变频器到现在，行业已经走过了40年的科技研发与应用实践之路。

随着工业自动化程度的不断提高，变频器也得到了广泛的应用。现在国民经济各行各业绝大多数与变频器密不可分，其应用的领域包括各种工业生产、城市供水供电系统以及家庭用电，在水泥、电梯、印刷、电力等现代工业以及医学、通信、交通、运输、电力、电子、环保等领域得到空前的发展和应用。这些领域不仅需要性能稳定的变频器，更需要具有全数字化、系统化、网络化功能的产品。

变频器的常规用途是调速，同时还可降低起动电流达到节能减耗的目的。对变频器来说，其性能的优劣主要从四个方面评判：第一是输出交流电压谐波对电动机的影响；第二是输出的力矩性能；第三是对电网产生的谐波污染和输入功率；第四则是变频器本身的效率。这几点评判标准要求变频器不仅要实现智能化和集成模块化，还要求进一步降低变频器使用过程及设备开关过程带来的影响。这些方面不仅是判定变频器好坏的主要标准，也是变频器生产厂家需要不断研发以及改进的重中之重。

伴随着电子技术水平的提高和市场需求的增长，变频器的种类越来越多，功能也越来越完善。目前市场上的变频器大体分为高、中、低压三种，设备工作电压不同对变频器的需求也不同。无论高压还是低压变频器，其未来的发展趋势将逐渐偏向专用化、系统化。现代社会对产品的功能性要求越来越高，单一的应用领域早已满足不了广泛的用户需求。为满足不同应用领域的需求，变频器不仅需要不间断地进行更新换代，还需要最大限度地提高产品的多样化，形成针对不同行业的应用专机，以更好地发挥变频器的独特功能并尽可能方便用户，为用户提供最佳的系统。同时为了适应当前系统集成及器件变化，变频器将逐渐向小型集成方向发展，越来越精细的结构将是未来的大方向。

总之，高性能、多功能、小体积的变频器既是用户需求的产品，也是生产企业研发与生产的目标。

4.2 相关政策与市场

4.2.1 市场状态与发展情况

我国正处在工业化、城市化加快发展的阶段，能源资源短缺和生态环境脆弱的问题进一步加剧，因此，不断提升我国节能环保技术装备和服务水平，为大规模节能减排、大力发展循环经济提供坚实的产业支撑，是我国转变发展方式、调整经济结构的必然选择。从这个层面来讲，我国节能环保产业潜力巨大，拉动经济增长前景广阔。

近年来，节能减排一直是各行各业关注的重点，高能耗已成为制约我国经济发展的瓶颈，国家也投入大量资金支持节能降耗项目。变频器作为一种高技术含量、高附加值、高回报的高科技产品，以交流传动代替直流传动，并能满足过程化控制的要求。随着自动化、电力电子等技术的发展，变频器作为电机调速节能关键设备，改变了普通电动机只能以定速方式运行的陈旧模式，使得电动机及其拖动负载在无须任何改动的情况下即可按照生产工艺要求调整转速输出，从而降低电机功耗，达到系统高效运行的目的。

“十二五”以来，节能环保作为我国工业经济发展的核心，在为工业可持续发展指明方向的同时，也在有效拉动我国变频器行业的可持续发展。变频器行业不断拓展产业的市场占有率，并凭借强劲的发展力成为我国工业经济发展的重要基础产业。“十三五”末，我国节能工程综合服务市场规模约 2.0 万亿元，占工业节能市场的比例约为 45.5%。“十四五”期间，节能环保市场结构或将迎来重大变革调整，高效节能技术的持续研发与突破将促使传统生产过程升级，包括变频控制技术、能量系统优化技术在内的高效节能技术将广泛融入工业生产中，高效电机、余热余压利用等工业节能细分市场份额将逐步扩大。

4.2.2 相关政策

制造业是国民经济的主体，是立国之本、兴国之器、强国之基。我国制造业已建成了门类齐全、独立完整的产业体系，但在自主创新能力、资源利用效率、产业结构水平、信息化程度、质量效益等方面差距明显，转型升级和跨越发展的任务紧迫而艰巨。《中国制造 2025》对我国制造业转型升级和跨越发展做了整体部署，为我国制造业未来十年设计了顶层规划和路线图，是我国实施制造强国战略第一个十年行动纲领。

《中国制造 2025》以创新驱动、质量为先、绿色发展、结构优化、人才为本为基本方针，实现制造业由大变强的跨越。其中，绿色发展中，坚持把可持续发展作为建设制造强国的重要着力点，加强节能环保技术、工艺、装备推广应用，全面推行清洁生产；发展循环经济，提高资源回收利用效率，构建绿色制造体系，走生态文明的发展道路。结构优化中，坚持把结构调整作为建设制造强国的关键环节，大力发展先进制造业，改造提升传统产业，推动生产型制造向服务型制造转变；优化产业空间布局，培育一批具有核心竞争力的产业集群和企业群体，走提质增效的发展道路。到 2025 年，实现制造业整体素质大幅提升，创新能力显著增强，全员劳动生产率明显提高，两化（工业化和信息化）融合迈上新台阶，重点行业单位工业增加值能耗、物耗及污染物排放达到世界先进水平。2025 年制造业绿色发展指标见表 4-1。

表 4-1　2025 年制造业绿色发展指标

指标	2025 年
规模以上单位工业增加值能耗下降幅度	比 2015 年下降 34%
单位工业增加值二氧化碳排放量下降幅度	比 2015 年下降 40%
单位工业增加值用水量下降幅度	比 2015 年下降 41%
工业固体废物综合利用率	79%

围绕实现制造强国的战略目标，《中国制造 2025》明确了 9 项战略任务和重点，提出了 8 个方面的战略支撑和保障。在“全面推行绿色制造”的战略任务中提出：加大先进节能环保技术、工艺和装备的研发力度，加快制造业绿色改造升级；积极推行低碳化、循环化和集约化，提高制造业资源利用效率；强化产品全生命周期绿色管理，努力构建高效、清洁、低碳、循环的绿色制造体系。加快制造业绿色改造升级。全面推进钢铁、有色、化工、建材、轻工、印染等传统制造业绿色改造，加强绿色产品研发应用，推广轻量化、低功耗、易回收等技术工艺，持续

提升电机、锅炉、内燃机及电器等终端用能产品能效水平，加快淘汰落后机电产品和技术。积极引领新兴产业高起点绿色发展，大幅降低电子信息产品生产、使用能耗及限用物质含量，建设绿色数据中心和绿色基站，大力促进新材料、新能源、高端装备、生物产业绿色低碳发展。

发展绿色制造工程，组织实施传统制造业能效提升、清洁生产、节水治污、循环利用等专项技术改造。开展重大节能环保、资源综合利用、再制造、低碳技术产业化示范。实施重点区域、流域、行业清洁生产水平提升计划，扎实推进大气、水、土壤污染源头防治专项。制定绿色产品、绿色工厂、绿色园区、绿色企业标准体系，开展绿色评价。到 2025 年，制造业绿色发展和主要产品单耗达到世界先进水平，绿色制造体系基本建立。

节能政策是变频器发展的重要推动力。《节能减排“十二五”规划》中，电机系统节能被列入节能改造重点工程。《节能减排“十二五”规划》提出对电机系统实施变频调速、永磁调速、无功补偿等节能改造，优化系统运行和控制，提高系统整体运行效率。开展大型水利排灌设备、电机总容量 10 万 kW 以上电机系统示范改造。2015 年电机系统运行效率比 2010 年提高 2 ～ 3 个百分点，“十二五”时期形成 800 亿 kW・h 的节电能力。

能量系统优化也被列入节能改造重点工程。提出加强电力、钢铁、有色金属、合成氨、炼油、乙烯等行业企业能量梯级利用和能源系统整体优化改造，实施输配电设备节能改造，深入挖掘系统节能潜力，大幅度提升系统能源效率。“十二五”时期形成 4 600 万 t 标准煤的节能能力。

《“十三五”节能减排综合工作方案》提出要加强工业节能，实施工业能效赶超行动，加强高能耗行业能耗管控，在重点耗能行业全面推行能效对标，推进工业企业能源管控中心建设，推广工业智能化用能监测和诊断技术。到 2020 年，工业能源利用效率和清洁化水平显著提高，电力、钢铁、建材、石油石化、化工等重点耗能行业能源利用效率达到或接近世界先进水平。

《“十三五”节能减排综合工作方案》提出要强化重点用能设备节能管理。加强高耗能特种设备节能审查和监管，构建安全、节能、环保三位一体的监管体系。开展电梯能效测试与评价，在确保安全的前提下，鼓励永磁同步电机、变频调速、能量反馈等节能技术的集成应用，开展老旧电梯安全节能改造工程试点。加快高效电机、配电变压器等用能设备开发和推广应用，淘汰低效电机、变压器、风机、水泵、压缩机等用能设备，全面提升重点用能设备能效水平。

组织实施燃煤锅炉节能环保综合提升、电机系统能效提升、节能技术装备产业化示范、重点用能单位综合能效提升、合同能源管理推进等。推进节能减排技术系统集成应用，推动电机系统等优化升级。

工业和信息化部 2016 年发布施行《工业节能管理办法》，鼓励工业企业加强节能技术创新和技术改造，开展节能技术应用研究，开发节能关键技术，促进节能技术成果转化，采用高效的节能工艺、技术、设备（产品）。2019 年将重点用能产品设备能效提升专项监察列入重点工作计划，对电机、变压器、水泵、风机、空压机等重点用能产品设备生产企业实施专项监察。2020 年又将推广应用先进节能技术产品列入工业节能与综合利用工作要点。研究制定新的变压器能效提升计划，进一步提升重点用能设备能效水平。加快绿色数据中心建设，推广先进节能与绿色技术产品。

2021 年 3 月 5 日，第十三届全国人民代表大会第四次会议召开。李克强总理做政府工作报告时明确表示要扎实做好碳达峰、碳中和各项工作，制定 2030 年前碳排放达峰行动方案。促进新型节能环保技术、装备和产品研发应用，培育壮大节能环保产业，推动资源节约高效利用。部分省市也对此提出了“十四五”发展目标与任务，布置了 2021 年重点任务。例如，北京提出要大幅提高能源资源利用效率，使碳排放稳中有降，2021 年要推进能源结构调整和交通、建筑等重点领域节能；天津要推动绿色低碳循环发展，持续调整优化产业结构、能源结构，推动钢铁等重点行业率先达峰和煤炭消费尽早达峰；广西 2021 年将加快六大高耗能行业节能技改；宁夏要提高能源资源利用效率，使单位 GDP 用水量、煤炭消耗、电力消耗均下降 15%；吉林启动二氧化碳排放达峰行动，加强重点行业和重要领域绿色化改造；江苏加强节能改造管理，完善能源消费双控制度，提升生态系统碳汇能力，严格控制新上高耗能、高排放项目；安徽统筹推进节能减排减碳，严控高耗能产业规模和项目数量；河南持续降低碳排放强度，加快传统产业转型升级，推进钢铁、铝加工、煤化工、水泥、煤电等产业绿色、减量、提质发展，加快发展绿色建筑和装配式建筑，推动重点行业清洁生产和绿色化改造，推广使用环保节能装备和产品；湖北培育壮大节能环保、清洁能源产业，加强先进适用绿色技术和装备研发制造、产业化及示范应用；湖南推进钢铁、建材、电镀、石化、造纸等重点行业绿色转型，大力发展装配式建筑、绿色建筑；四川持续推进能源消耗和总量强度“双控”，实施电能替代工程和重点节能工程。

4.3 整体发展路线

4.3.1 新型应用领域

变频器的应用领域非常广阔，几乎涵盖国民经济的各个行业。其中，中低压变频器应用领域最为广泛，起重机械、纺织化纤、石油石化、煤炭、电梯、建材、电力、市政、食品饮料和烟草、塑胶、机床、造纸印刷等行业均可使用；高压变频器应用领域相对较少，主要用在油气钻采、冶金、石化、电力、水泥、采矿等行业。

伴随智能制造、工业 4.0 等的兴起，智能变频驱动系统在优化机器配置和性能方面发挥着重要作用，同时也为变频器拓展了新的应用领域。

1. 智能仓储

以计算机管理系统为核心的自动化智能仓储于 20 世纪 60 年代开始在美国和欧洲迅速发展，并形成了专门的学科。我国自动化智能仓储技术较美国等发达国家晚了 10 年，使用的自动码垛机器人、堆垛机、托盘输送机、拣选机器人、多层升降机等硬件设备的驱动全部是国外产品，比如堆垛机的行走电机通常是德国 SEW、德马格等，变频器采用 SEW、西门子、安川、三菱等厂家产品。外资品牌能占领市场的主要原因除了借助成熟的 MES 管理系统软件优势之外，产品的稳定性也是主要因素。作为物流行业中的重要环节，设备一旦出现故障导致不能正常按要求出入库，带来的损失是难以估计的。比如大型电商行业，用户下单，自动仓库需要快速出库，如果设备停止运行，将直接影响电商的物流效果，购物体验将会大打折扣。

2. 无人工厂

伴随工业 4.0 技术不断地演变，企业和制造业的生产环境也发生着变化。云计算、大数据、信息物理系统、物联网和系统互联网的相互作用，为“无人工厂”的发展提供了支持。例如，无人行车的控制系统中的大、小车驱动，提升电机均为变频器控制。针对行车运行中大、小车的防摇摆控制，瑞士 ABB 公司的 ACS880 系列变频器通过内嵌的防摇控制程序在设备运行中不断测量负载位置和特性，以精确估算摆动的时间常数，从而对摇摆情况进行补偿，实现开环防摇。目前国内变频器多定位于通用，对结合特定工况的工艺控制考虑得不多，工艺控制要依靠外围的 PLC、传感器等完成。

3. 电力

电力工业是高压变频器的重要应用领域。与风、煤、水、渣和尾气相关的传动装置都适合应用变频器，其中，除煤体系（排粉机、给煤机）外，其他四类负载类型均以风机、水泵类为主。变频器通过改变煤量、粉量、水量等，实现操控工艺流程、达到节约动力的意图，对电厂的节能、降耗、减排、安全、安稳运转有重要意义。近年来，电力行业的节能、减排、降耗形势愈加严峻，而高压变频器可以高效地节约电能，因此电力工业将成为高压变频器应用量最大的领域。据测算，电力工业对高压变频器的需求占高压变频器总需求的25%左右。随着电力行业标准频频出台，可再生能源发电等事业的发展，无论从社会用电量还是电力生产情况来看，电力在我国愈加呈现平稳上升的发展态势，加上一系列政策利好，未来电力市场规模将更加庞大，对高压变频器的需求将更加旺盛。

4. 新能源汽车

目前市场上应用最广泛的新能源汽车电机有三类：永磁同步电机、交流异步电机和开关磁阻电机。在这三类电机中，交流异步电机的优点是成本较低、结构简单，目前主要用于以特斯拉为代表的欧美系品牌，缺点则是功率密度相对低；永磁同步电机的特点是效率高、转矩和功率密度大、尺寸小、重量轻，目前主要用于丰田和本田等日系品牌，特斯拉 Model3 也搭载永磁同步电机，但由于永磁同步电机需要以稀土材料制成的永磁体为原材料，一定程度上受到资源的限制，成本相对较高，结构也相对交流异步电机更为复杂；开关磁阻电机目前应用得较少，因为虽然其具备简单可靠、系统成本低的优点，但转矩波动大、噪声大的缺点难以避免，因此应用比较受限，目前以商用车的应用居多。就目前来看，电机市场以永磁同步电机为主流。

由于整车的电池容量是固定的，电机及变频控制系统的能耗直接决定了固定电池容量情况下的续驶里程。鉴于此，与普通的工业变频器相比，新能源车的变频控制系统具备一定的特征：

第一，高功率密度。功率密度是指输出能量与设备质量的比，单位为W·h/kg。要求高功率密度是为了实现轻量化，适应有限的车内空间，同时降低整车能耗。

第二，高输出转矩。在功率固定的条件下发动机的转矩与发动机转速成反比关系，如果新能源汽车变频器的输出转矩太小，就带不动所要带的物体。高转矩使汽车在低速运行时得以快速起动、加速、爬坡，高速运行时实现高转速、宽调速范围。

第三，高效率。这是指变频器输出功率与输入功率的比值。高效率是为了满足电池一次充电后续驶里程尽可能长的要求。

由于存在以上特征，近两年来，国内新能源车电机驱动方案向“三合一”即“电机 + 减速器 + 电机控制器（变频器）”的集成化动力系统解决方案靠拢，但真正的一体化集成产品多数还处于研发、测试阶段。比亚迪、长安汽车、大洋电机、精进电动等企业已经研发出三合一电驱动总成方案，并在逐步批量应用。

4.3.2 产品技术发展方向

随着市场的扩大和用户端需求的多样化，变频器产品的功能在不断增加和完善，集成度和系统化将越来越高。

1. 技术发展方向

变频器所有的变化都是基于工业自动化行业的变化展开的，未来变频器技术将向广和深及数字化等进一步发展，主要体现在智能化、网络化、专用化、集成化、低功耗、高性能、图形化等方面，多产品的融合和发展将会成为主流。

（1）智能化、网络化　工业 4.0 环境下，信息技术（IT）和运行技术（OT）相结合，网络连接设备，大量数据汇聚到服务中心进行处理和分析，生成决策，通过智能化的生产创造价值。智能制造技术、数字化技术的采用会大大提升变频器的二次开发、网络协同、网络组态能力，使变频器在控制网络中形成节点化的布局，既可以响应上级，又可以协同控制周边小型局域网络。

在基于数据接入能力建设中，变频器不仅能够完成自身产品的功能，而且还要成为现场设备接入工业 4.0 网络的一个接口，包括现场设备的维护、诊断，甚至成为一个具备边缘计算能力的现场设备管理终端。变频器安装到控制系统后，不必进行过多的功能设定就可以方便地操作使用，有明显的工作状态显示，而且能够实现故障诊断与故障排除，可以进行关键元件（如 IGBT、电容器）预测性维护，甚至可以进行部件自动转换。设备自身具备总线网络接口，通过终端接入互联网，可以遥控监视，实现多台变频器按工艺程序联动，形成最优化的变频器综合管理控制系统。

例如，利用变频器搭建基于先进物联网技术的分布式设备远程监控运维系统。针对运行中的设备提供 24 小时远程监控，及时发现故障隐患，有效预防故障，充分保障运行安全，提出针对性的维护、维修、优化方案，提高售后服务水平，如图 4-1 所示。

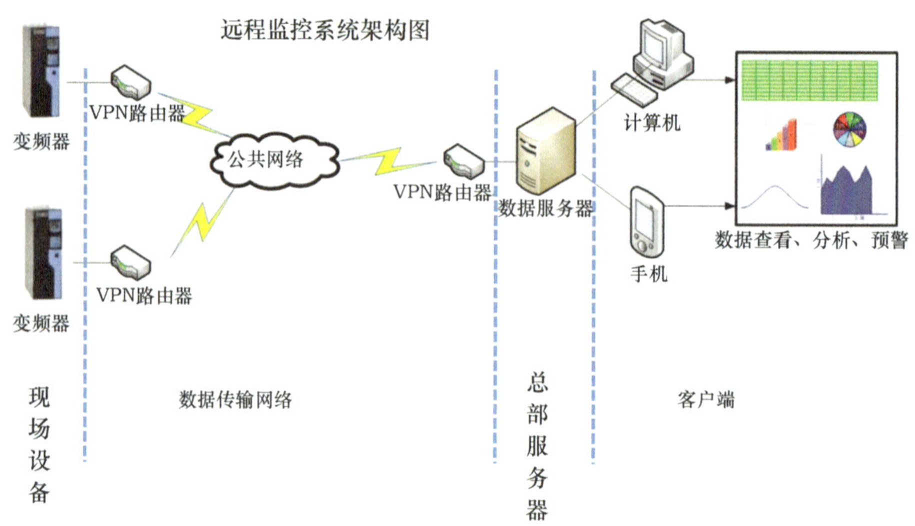

图 4-1　远程监控系统架构图

（2）专用化　围绕特定行业、特定客户和特定设备开发定制化的方案，更好地贴近客户应用，解决客户痛点，提升产品竞争力。根据某一类负载的特性，有针对性地制造专业化的变频器，例如，风机、水泵用变频器，起重机械专用变频器，电梯控制专用变频器，张力控制专用变频器和空调专用变频器等。针对特定工艺场合设计工艺软件包，如卷取工艺软件包、起重防摇摆工艺软件包等。这不但有利于经济有效地控制负载的电动机，而且可以降低制造成本。

（3）集成化　不局限于变频器本体，更多地将自动化能力整合为完整的解决方案，做出有竞争力的解决方案。变频器将相关的功能部件，如参数辨识系统、PID 调节器、PLC 控制器，甚至是 HMI、视觉、气动等和通信单元等有选择地集成为一体化机，不仅使功能增强、系统可靠性增加，而且可有效缩小系统体积，减少外部电路的连接。

（4）低功耗　保护环境、制造“绿色”产品是人类的新理念。今后的变频器将更注重节能和低公害，即尽量减少使用过程中的噪声和谐波对电网及其他电气设备的污染干扰，网侧和负载侧的谐波分量尽可能低，以减少对电网的公害和电动机的转矩脉动；主电路功率开关元件自关断化、模块化、集成化、智能化，开关频率不断提高，进一步提高开关频率的 PWM 控制，降低开关损耗。在常规的开关频率下，可改变功率单元的拓扑结构，如采用 5 电平、7 电平等多电平控制，实现清洁电能。

（5）高性能　微处理器的进步使数字控制成为现代控制器的发展方向。运动控制系统是快速系统，特别是交流电机高性能的控制需要存储多种数据，快速实时处理大量信息。近几年来，国外各大公司纷纷推出以 DSP（数字信号处理器）为基础的内核，配以电机控制所需的外围功能电路，集成在单一芯片内，称为 DSP 单片电机控制器。和普通的单片机相比，DSP 单片电机控制器的数字运算能力增强 10 ～ 15 倍，确保系统具有更优越的控制性能，不仅大大降低了价格，而且产品体积缩小、结构紧凑、使用便捷、可靠性提高。此外，数字控制使硬件简化，柔性的控制算法使控制具有很大的灵活性，可实现复杂控制规律，使现代控制理论在运动控制系统中的应用成为现实；易于与上层系统连接进行数据传输，便于故障诊断，利于加强保护和监视功能，增强系统的智能化。

变频器以通用型产品、工程类产品为主要发展方向，核心控制性能指标逐渐向国外进口设备看齐。工程类通用变频器核心性能指标见表 4-2。

表 4-2　工程类通用变频器核心性能指标

参数	指标
控制方式	V/F，无 PG 适量，有 PG 适量
电机类型	异步电机，永磁同步电机
输出频率范围	0 ～ 300Hz
转速精度	±0.1%（无 PG） ±0.01%（有 PG）
转矩精度	＜ 2.5%（无 PG） ＜ 2.5%（有 PG）
转矩响应时间	≤ 10ms（无 PG） ≤ 10ms（有 PG）
起动转矩	0.5Hz，150%（无 PG） 0Hz，200%（有 PG）
过载能力	150% 60s，180% 10s，200% 1s
开关频率	1 ～ 8kHz
通信接口	DP、PN、CANopen 等

（6）图形化　以 32 位高速处理器为基础的高速控制系统有足够能力实现各种控制算法，Windows 操作系统的引入使得变频器可自由设计，并且图形编程的控制技术也有很大的发展。变频器图形化调试功能如图 4-2 所示。

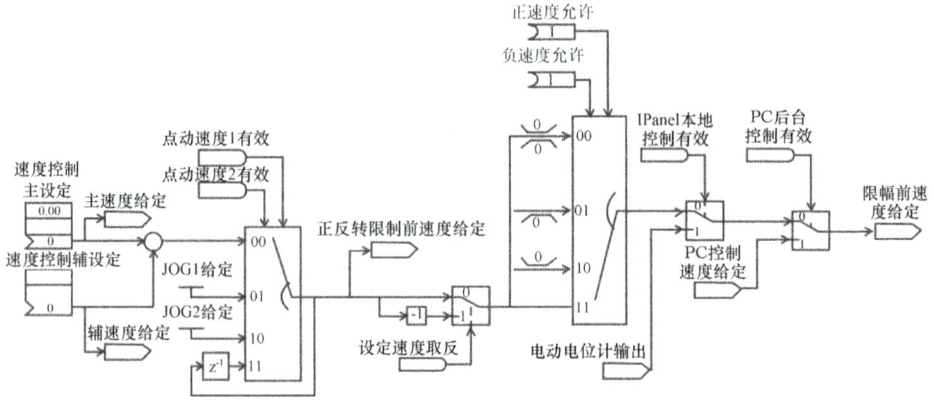

图 4-2　变频器图形化调试功能

2. 产品发展方向

变频器在行业中的角色已经改变，从最初的电机调速和节能保护向着智能化驱动控制发展。

未来的自动化产品将更加简单和易于使用。高水平的控制技术，如基于电机数学模型的矢量控制、直接转矩控制；基于现代控制理论的滑模变结构技术、模型参考自适应技术、鲁棒观察器等；基于智能控制思想的控制策略（如模糊控制、神经网络专家系统、自诊断技术等），将使变频器“傻瓜”化，更容易使用。

具有更高集成度的功率和控制元件的使用，如智能化的功率模块、紧凑型的光电耦合器、高频开关电源、由记忆新型材料制造的电抗器和电容器等，减小了变频器的尺寸。功率器件冷却方式的改变，也可进一步缩小装置的尺寸。

工业物联网的发展带动了商业模式的变革。变频器拥有网络化的能力，集成数字化和智能化等功能，具备自适应、自诊断、智能调节等个性化服务能力，在工业 4.0 模式和智能工厂中担当关键角色。未来变频器将整合信息化技术，从单一的原生态驱动器向开放的自动化平台转移，创造出更高的附加值。基于不同的行业，由不同的厂家提供完整的解决方案，各类用户对平台进行组态和整合，最终形成独有的知识产权。

4.3.3　发展方向与目标

1. 国内外行业差距

我国当前具有研发和产业化能力的国内企业少，国产高压变频器的功率等级较低，很少超过 3 500kW；与高压变频器相配套的产业很不发达；变频器中使用的功率半导体、驱动电路、电解电容等关键元器件主要依赖进口。

从技术理论方面来说，国内外相差不大。例如，谐波抑制是变频器的世界性难题，谐波抑制不解决，节能也无从谈起。哈尔滨工业大学特定消谐式变频器课题组，不仅突破了“变频器的研究”理论，还实现了实际应用。样机实际应用于哈尔滨发电厂的输煤皮带车间，节能率达到72%，被黑龙江省科技厅鉴定为国际领先水平。比较大的差距在开发和生产方面。

从产业技术水平来说，国内一线品牌基本与跨国集团在一个水平线或者仅落后2～3年。具体到各项技术层面：

电机驱动方面的差距主要在鲁棒性与易用性方面。国内在无编码器矢量控制驱动层面与一线外资品牌差距迅速缩小；在伺服化拓展应用层面，比如防摇防抖等高端应用层面，差距明显。

网络化以及解决方案整体差距明显，主要表现在对各行业工艺的了解、整体解决方案（包括控制节点、控制节点的协同、控制节点的网络化统筹）等方面。

在硬件抗干扰能力、强干扰环境下保持良好控制品质上存在差距。功率开关器件的质量不足以支持产品整体性能的提升，超大功率器件的可靠性与稳定性不强。硬件拓扑集中于两电平的拓扑结构，三电平的拓扑结构控制性能差一些，更多电平的拓扑结构停留在实验室阶段，与国外知名品牌已稳定成熟应用多电平拓扑相比有较大差距。

在整个系统控制架构以及功能组合方面有较大差距。国内过于关注变频器个体和对电机本体的控制，难易实现变频器的协同、组网等解决方案层面的突破，在利用变频器对电机本体的强大控制性能，来实现对机械结构工艺的控制（如电子凸轮、防摇功能等）方面差距巨大。

2. 企业发展路径

根据《中国制造2025》规划，未来中国变频器行业将实现突破性发展。国内变频器企业将有节能减排（高压变频器）和进口替代（中、低压变频器）两条成长路径。

根据客户的行业需求生产体积大小、频率高低、软件配备适合的产品，需要厂家有雄厚的技术实力、快速的市场响应、丰富的行业工艺积累。这是未来变频器行业市场分化的一个关键点。

在从传统的变频器本体开发向工业自动化整合能力转变时，国内变频器企业需提升的技术研发能力不仅包括对电机本体的控制能力，还包括网络化、协同化、应用宏等二次开发技术能力。

随着工业机器人的行业应用需求呈现爆发式增长、新能源汽车的大力发展，国内有越来越多的变频器公司投入工业机器人领域和新能源汽车领域研发。国内变频器企业亟须提升关键部件研发能力，目前芯片、IGBT、伺服电动机及驱动器等关键部件大量依赖进口。

3. 发展方向

《中国制造 2025》中将突破大功率电力电子器件、高温超导材料等关键元器件和材料的制造及应用技术，形成产业化能力，作为战略任务和重点之一。除此之外，变频器行业还要尽快提高传统产业中先进产能的比重，培育品牌，增强国际竞争力。

第一，要加强创新能力建设，充分利用研究院所和用户已经建成的实验室，加强共性技术研发。搭建产、学、研、用相结合的共性技术研发平台，打破目前存在的技术不能共享，各企业独自为战的局面，实现资源和成果共享。鼓励企业加大研发投入，国家已有专项计划对电力装备加大支持力度。

第二，要加快产业结构转型、完善产业布局的步伐，根据电力电子装备上下游配套关系，加快结构调整、企业联合和产业重组，向产业链两端延伸，从生产型制造向服务型制造转变。通过政策引导和市场驱动塑造产业集群优势，实现科研、设计、制造、成套服务、金融和工程施工一体化，打造具有国际竞争力的产业链和大型企业集团。

第三，要完善相应财税政策，加快完善首台（套）重大技术装备的风险补偿机制。完善出口退税政策，适当提高部分高技术、高附加值装备产品的出口退税率。鼓励金融机构增加出口信贷资金投放，支持国内企业承揽国外重大工程，带动成套设备和施工机械出口。完善节能环保产品补贴政策，对购买高效节能环保装备产品的终端用户给予补贴，并适当向高效节能环保装备产品制造企业延伸。建议国家的财税等相关政策向装备制造业倾斜，重视实体经济发展，出台有利于实施制造强国战略的相关财税政策。

第四，要积极扩大国际交流，培育国际化品牌，在满足重大技术装备和关键零部件国产化的基础上，加强与国外企业合作，充分发挥国外、国内两种资源优势，实现“借船出海”，借鉴和利用跨国公司成熟的销售渠道和经营模式，凭借国内企业的优势，形成利益共同体，扩大“走出去”的途径，并逐步在国际上形成中国品牌影响力，提高国际竞争力。

4.4 关键器件发展

经过改革开放四十多年的快速发展，我国已经成为全球最大的电力电子市场。政府正在大力推动基础建设、电网改造、新能源产业以及电动汽车等项目，将为电力电子行业带来巨大的发展空间。

电力电子器件决定着整个变频器行业的发展水平。通过采用更先进的电力电子器件，变频器得到优化，也帮助用户在实际应用中将节能技术发挥到极致。功率器件 IGBT 和电解电容是变频器的两大主要电力电子器件。从变频器的成本构成来看，二者费用之和占中低压变频器成本的近 40%，而在高压变频器中，IGBT 等电力电子元件的占比更是高达 50%。

4.4.1 总体状况

除核心功率器件 IGBT、IC 之外，大多数变频器企业上游行业的供应商主要来自国内，数量相对较多，配套能力较强，可供选择的范围广泛，变频器行业议价能力较强。但能源、有色金属材料价格波动较大，可能导致上游行业成本大幅波动，进而对元器件采购成本产生一定的影响。

1. IGBT

IGBT 是能源转换与传输的核心器件，是电力电子装置的“CPU”。采用 IGBT 进行功率变换，能够提高用电效率和质量，具有高效节能和绿色环保的特点，是解决能源短缺问题和降低碳排放的关键支撑技术。经过几十年的持续应用和不断改进，IGBT 已成为电子电力领域中最重要的功率开关器件之一。IGBT 的电压范围为 600 ～ 6 500V。600V 以下的 IGBT 产品主要应用在消费电子领域；600 ～ 1 200V 的产品应用最广，被纯电动/混合动力汽车、电机控制器、家用电器、太阳能逆变器等采用；1 200V 以上的高规格 IGBT 被应用在电力设备、汽车电子、高铁及动车中。

至今，IGBT 经历了六代技术的发展演变，进行了大量的结构设计调整，解决了工艺上的难题。IGBT 的发展主要经历了三个方面的演变，即器件纵向结构、栅极结构、硅片的加工工艺。新的器件研发虽然已经取得了进展，但实现广泛的商业应用还有许多问题亟待解决，特别是需要在材料、制造和工艺等技术领域取得突破。IGBT 技术仍在不断进步，朝着智能化、集成化和小型化发展，英飞凌、三菱、ABB 等企业推出了集成封装的 IPM 模块，这已成为趋势。此外，随着人们在新材料领域探索速度的加快，SiC 以及 GaN 等宽禁带半导体材料成为半导体材料未来的发展方向。

世界上具有 IGBT 芯片技术和制造能力的厂家较多，主要市场份额掌握在德国和日本企业手中，其中德国英飞凌科技公司和日本三菱电机株式会社是市场份额最大的两家。相对其他原材料供应商来说，变频器行业对 IGBT 供应商的议价能力较弱，这对企业成本控制产生一定影响。不过，随着 IGBT 产品技术和市场的发展，更多企业参与 IGBT 的研发与生产，欧洲和日本均出现了新兴的 IGBT 厂商，国内 IGBT 生产商也逐步开始规模生产。虽然这些厂商在产品规格齐全度等方面还有差距，但技术水平提升很快，大部分产品在性能上已经达到与德国英飞凌和日本三菱基本相当的水平。这些新兴厂商的发展正在使 IGBT 市场原有的格局发生改变。另外，IGBT 主要企业正在陆续推出结构设计标准化、封装统一、便于替换的新一代 IGBT 产品，各企业产品之间的替代也将变得更加容易，IGBT 器件对变频器行业发展的限制逐步弱化。

2. IC

集成电路是国民经济的基础性、关键性和战略性产业，作为现代信息产业的基础和核心产业之一，在保障国家安全等方面发挥着重要作用，是衡量一个国家或地区现代化程度以及综合国力的重要标志。集成电路一直以来占据半导体产品 80% 的销售额，业务规模远远超过半导体中的分立器件、光电子器件和传感器三大细分领域的规模，具备广阔的市场空间，近年来呈现出快速增长的态势。随着半导体产业逐渐向亚太地区转移，亚太地区的半导体技术水平迅速提高，市场规模迅速扩大。以晶圆厂为例，据不完全统计，至 2022 年，包括海外厂商在内的约 30 座晶圆厂将在我国落地，主要聚集在上海、江苏和安徽一带。

3. 半导体

在电力电子开关器件发展过程中，第一代半导体材料主要是指硅（Si）、锗（Ge）半导体材料。它们在国际信息产业技术中的各类分立器件，集成电路、计算机、手机、电视，航空航天、电子信息网络工程、各类军事工程和迅速发展的新能源、硅光伏产业中都得到了极为广泛的应用。第二代半导体材料主要是指化合物半导体材料，如砷化镓（GaAs）、锑化铟（InSb）、三元化合物半导体（如 GaAsAl、GaAsP）；还有一些固溶体半导体，如 Ge-Si、GaAs-GaP；玻璃半导体（又称非晶态半导体），如非晶硅、玻璃态氧化物半导体；有机半导体，如酞菁、酞菁铜、聚丙烯腈等。第二代半导体材料主要用于制造高速、高频、大功率以及发光电子器件，是制造高性能微波、毫米波器件及发光器件的优良材料，被广泛应用于卫星通信、移动通信、光通信和 GPS 导航等领域。第三代半导体材料主要是以碳化硅（SiC）、氮化镓（GaN）、氧化锌（ZnO）、金刚石（C）、氮化铝（AlN）为代表的宽禁带（$E_g > 2.3\text{eV}$）半导体材料。

如今，以第三代半导体材料为基础的新兴技术迅速崛起，其技术及应用的突破成为全球半导体产业新的战略高地，各国政府纷纷加紧在第三代半导体领域的部署。第三代半导体领域具有学科交叉性强、应用领域广、产业关联性大等特点，在半导体照明、新一代移动通信、智能电网、高速轨道交通、新能源汽车、消费类电子等领域拥有广阔的应用前景，是支撑信息、能源、交通、国防等产业发展的重点新材料。第三代半导体材料具有广泛的应用基础和重要的引领作用，优势明显，在许多应用领域拥有前两代半导体材料无法比拟的优点，如具有高击穿电场、高饱和电子速度、高热导率、高电子密度、高迁移率等特点，可实现高压、高温、高频、高抗辐射能力，被誉为固态光源、电力电子、微波射频器件的“核芯”，是光电子和微电子等产业的“新发动机”。从目前第三代半导体材料和器件的研究来看，GaN 和 SiC 半导体材料较为成熟，也是最具有发展前景的两种材料。

现在半导体市场 90% 以上仍然是以硅材料为代表的第一代半导体，第二代、第三代加起来占比不到 10%，主要作为补充市场。第三代半导体是我国“十三五”时期重点布局的方向，“十三五”时期，第三代半导体的产业化核心技术取得突破，产业布局较为全面，市场应用逐步开启，自主可控能力逐渐增强，整体竞争力不断提升。第三代半导体市场也被长期看好，在新能源汽车、5G、光伏发电、PD 快充等领域的市场份额不断取得突破。有关数据显示，到 2025 年 SiC 市场规模将超过 30 亿美元，GaN 市场规模将超过 6.8 亿美元。第三代半导体最大的应用领域是新能源汽车，丰田、大众、宝马等汽车制造商继续为其下一代车型使用的逆变器、车载充电器（OBC）和 DC-DC 转换器中的 SiC 分立器件与模块进行合格鉴定。在这种背景下，新能源汽车中 SiC 功率半导体市场预计将以 38% 的年复合增长率增长，到 2025 年将超过 15 亿美元。

在下游应用端，国内主流企业的第三代半导体器件已进入众多关键应用领域，比如新能源汽车、PD 快充、5G 基站等。在这些领域，我国具有非常大的潜力和增量市场。不仅如此，在复杂的国际关系背景下，国内龙头企业抓住国产替代的机遇，与产业链上下游形成了更为紧密的合作关系，推动了产业发展。

4.4.2 关键部件国产化

我国变频器产业的快速发展也加快了上游电力电子器件的国产化进程，催生了IGBT、电容及无源器件的国产龙头企业。尤其是变频器核心器件IGBT的技术和产业化近年来取得了长足发展。以嘉兴斯达、江苏宏微为例，成立伊始即发展功率半导体技术和产业，选择全控型新型电力电子器件IGBT作为突破口，不断攻克技术难关，快速实现产业化，开发出多款高质量、高性能、高可靠性的产品，并根据市场及客户的实际需求量身定制最优方案，获得变频器行业客户的高度认可，在大多数场合已基本可以完全替代国际品牌。变频器厂商由此能够快速获得高性价比的核心器件，提升自身竞争力，而且节能效果显著，促进了整个产业的稳步发展。

1. IGBT

长期以来，IGBT技术主要被欧美、日本等国垄断。在新能源、节能环保"十二五"规划等一系列国家政策措施的支持及市场推动下，我国IGBT产业加大投入，取得了巨大成就。不过我国IGBT芯片90%以上的市场仍被国外企业占据，垄断格局依然存在，中高端MOSFET及IGBT主流器件市场尤为突出。英飞凌是唯一拥有8in IGBT器件生产线的厂家，其技术已发展到12in，IGBT芯片产量居全球首位。一些电力半导体厂家从英飞凌购买IGBT芯片用于封装IGBT模块。

IGBT将向更低的开关损耗、更高的电流密度以及更高的工作温度发展。然而在满足数万伏高压、500℃以上的高温、高频、大功率等场合的需求方面，性能逼近材料特性极限的Si基IGBT已无法胜任，SiC成为制造新一代高温、大功率电力电子和光电子器件的理想材料。在SiC IGBT的研究上，美国、欧洲与日本先走一步，我国刚刚起步。当然，在第三代半导体的研究上我国也晚于他们。

国产IGBT发展起步晚、终端推动乏力、人才缺乏以及品牌效应淡薄等共同导致了国内与国际厂商的差距。不过近几年，随着利好政策的推动和新能源汽车、高铁、风力发电等新兴应用市场的崛起，国产IGBT得到快速发展的时机。我国在轨道交通领域已经率先实现了大功率IGBT的自主研发生产和进口替代，新能源、智能电网领域紧随其后，产业资本不断融合发展。

除了技术差距，IGBT核心专利和高端人才也几乎被英飞凌、三菱等国际厂商垄断。IGBT产品的高端工艺研发和高端产品设计人员非常少，国内已量产的芯片厂家，其技术研发人员都是通过多年的试验摸索、不断学习总结成长起来的。要改善高端人才缺乏的现状需要开展两方面的工作：一是从高校和IGBT企业出发，多投入和培养相关人员；二是利用高薪或利好政策引进国际巨头的高端技术人才。对于技术专利，一方面要依托自身的工艺生产设备，根据应用实践的要求开展工艺和设计的技术创新；另一方面是购买国外 IGBT 设计和制造技术的专利。

我国功率半导体与国外IDM厂商相比在设备投入上还有待加强，在器件设计、工艺技术方面仍有差距，供应链也不够完善。究其原因，一是我国企业进入该领域较晚，缺乏时间来建立品牌效应；二是 IGBT 的国产化进程开始得相对较晚，而且当时的市场应用前景不太明朗，终端应用方案商推动 IGBT 技术国产化的意愿并不强，一直以来只有少数几家国外老牌专业 IGBT 厂商占据这一市场。从制造水平来看，要全面提升国产 IGBT 实力，还需要上下游企业的全面参与和共同努力。

2. IC

作为整个电子信息技术行业的基础产业，半导体集成电路产业在国民经济中具有重要的战略地位，政府一直保持高度重视。集成电路产业投资基金等扶持政策是推动我国集成电路发展的重要力量。2014 年 6 月，工业和信息化部发布了《国家集成电路产业发展推进纲要》，将集成电路产业发展提高至国家战略层面，掀起了集成电路产业的投资热潮。2014 年 9 月，国家集成电路产业投资基金（简称大基金）成立，一期计划募资 1 200 亿元，投资总规模 1 387.2 亿元。根据中信电子的调研报告，大基金一期的主要资助方向是集成电路制造、设计、封测、设备材料等产业，比重分别是 63%、20%、10% 和 7%。截至 2017 年 10 月，大基金基本实现了对集成电路产业链，包括制造、设计、封测、装备、材料以及生态环境等方面的全覆盖，涵盖了国内产业链上的骨干企业和重点特色企业。截至 2019 年 9 月，大基金一期共撬动地方及社会资金 5 145 亿元，公开投资公司 23 家，未公开投资公司 29 家，累计投资项目约 70 个。2019 年大基金二期启动，注册资本 2 041.5 亿元，用于资助半导体全产业链。在大基金的带动下，国内功率半导体公司逐步应用虚拟 IDM 模式，迅速做大规模，在产品工艺成熟后再采用国际主流的 IDM 模式。

国家从战略高度大力推动芯片国产化，为集成电路产业带来了广阔的市场空间，推动集成电路产业景气度高涨，集成电路产业呈现加速增长的势头。目前，我国集成电路产业规模巨大，但是高端微芯片、部分标准通用和专用微处理器等产品仍需大量进口。因此，增强集成电路自主设计和生产能力，降低集成电路的进口依存度迫在眉睫。

集成电路产业链包括芯片设计、晶圆制造、芯片封装测试子行业。随着芯片国产化等一系列产业政策的实施，我国集成电路产业链中的芯片设计、晶圆制造和封装测试三业的格局不断优化。芯片设计子行业向产学研合作密集区域汇集，晶圆制造子行业向资本密集度高的地区汇聚，芯片封装测试子行业向劳动力充裕且成本较低的区域加速转移，逐步形成了以芯片设计为龙头、封装测试为主体、晶圆制造重点统筹的产业布局。总体来看，芯片设计和封装比重较大，尤其是芯片设计业近几年来快速增长，在集成电路产业所占比重呈逐年上升趋势。从产业环节来看，国内集成电路制造、设计、封装测试、装备、材料环节迎来黄金发展期，基于技术门槛考虑，国产化进程势必沿着封装测试—制造—材料路线推进。

（1）芯片设计　从产业链各环节发展趋势来看，芯片设计是集成电路产业最具发展潜力的领域。我国芯片设计规模处于快速上升通道，研发设计水平显著提高。伴随着芯片设计市场规模和需求的持续增长，国内芯片设计技术和性能不断提升，部分企业的IC设计水平已进入全球前列。在中小功率芯片领域，国内芯片竞争优势突出；在大功率芯片领域，与国际先进技术的差距也在不断缩小。

（2）芯片封装　我国封装测试行业在半导体产业链中发展得较早，有望成为集成电路产业链中最早完成进口替代的子行业。在物联网驱动下，芯片发展从性能导向逐渐转为应用导向，国内封装测试行业的技术水平同国际领先水平的差距不断缩小。随着电子设备向智能化、小型化方向发展，芯片集成度、密度和性能日益提高，封装模式不断推陈出新。随着集成电路产业规模持续增长以及LED在照明市场的快速发展，封装规模呈现快速增长态势。

为改变我国半导体产业严重依赖国外的现状，加快推进供给侧结构性改革，促进产业转型升级，工业和信息化部设立了“工业转型升级变频器用关键芯片、模块及应用服务能力”建设项目，通过联合半导体企业和芯片应用企业，促进我国半导体产业的发展和落地。半导体行业具有周期性的特征，在海外供应商无法供货的情况下，国内厂商有供货的机会，可加快国内厂商发展进程，使芯片外采比例逐步降低，自研比例逐步提升。国产替代的应用领域从可靠性要求低、低电压的变频家电和传统工业，逐步向可靠性要求高、中高电压的新能源发电、汽车领域升级。

第5章

发展措施与解决方案

5.1 创新与发展

2014年，在APEC工商领导人峰会上，习近平提出“惟改革者进，惟创新者强，惟改革创新者胜”，创新驱动的内涵外延不断丰富深化。创新将是我国最重要的驱动力。依靠创新改变我国制造面临的低端产业产能过剩、高端产业核心技术落后、竞争力不强的局面，真正实现转型升级。

在技术壁垒和品牌壁垒很高的中高端市场，面对国际品牌厂商的激烈竞争，我国变频器行业的企业若想生存和发展，创新能力是基础。

创新不应仅仅狭隘地理解为在技术上的创新，创新的范围要更广，程度要更深。要在观念上打破桎梏，将头脑中的各种不可能变为可能；未来跨界融合更加突出，各个产业在互联网和大数据等信息技术的渗透下边界逐渐模糊，理念融合，模式颠覆，资源重置。要真正做到以人为本，变频器产业积累的大批工程技术人员是产业最为宝贵的财富，如何挖掘这笔财富同样需要创新。

5.1.1 创新机制和文化

1. 技术创新是企业创新的核心

1）企业应持续不断地加大研发投入，提升企业的技术创新和产品创新能力。

2）针对核心平台技术创新难、创新周期长的特点，成立企业级研发中心，负责攻克市场急需解决的技术难题，并对前瞻性技术进行研究和储备。

2. 人才是企业持续创新的保证

为提高企业的核心竞争力，必须有一批核心技术专家、应用技术专家和高素质的项目管理人才。倡导技术创新的企业文化，建立人才激励机制，采取有竞争力的薪酬体系和灵活的股权激励方式吸引优秀人才加盟，并通过职业通道规划，为员工提供更适宜发展的事业平台，以保持企业技术团队的稳定，保证企业的持续创新能力。

3. 流程建设是企业提高创新效率的保证

企业基于IPD的产品开发模式，辅助全电子化的业务流程，规范产品开发的全过程，提高开发质量与效率，同时可以加强知识积累与共享。

5.1.2 经营模式的创新

变频器行业生产厂商普遍的经营模式是：按照大众客户的需求进行产品规划—组织产品开发—产品生产—市场推广—经销商销售。这种模式的特点是生产厂商与客户之间缺乏紧密的信息沟通渠道，客户在一定程度上只能接受厂家提供的产品，因此只适合标准化品牌产品的销售。

我国目前发展较好的变频器上市企业大多数具有独特的经营模式，在与国际品牌厂商竞争中获得了较快的发展，并在部分细分行业树立了品牌优势。与传统经营模式相比，新经营模式体现在三个方面：第一，对市场进行细分，并选择目标细分行业；第二，与目标细分行业的主流客户建立紧密的沟通渠道；第三，自主开发或与客户联合开发，为客户提供个性化的解决方案。

以提供细分行业解决方案的独特经营模式的具体特点为：

1）将市场进行行业细分，通过深入接触目标行业的主流客户，了解行业的个性化需求，制订个性化的解决方案。

2）组织市场、研发等相关资源完成产品开发。

3）组织市场资源将成熟的产品和方案在细分行业内按照“点—线—面”的模式进行推广，推动整个行业的技术升级。

5.1.3 技术层面的创新

1. 技术发展方向

变频器企业的技术研究以电机驱动与控制技术为切入点，不断向以下三个方面发展。

（1）电机驱动与控制技术　研究直接转矩控制技术，进一步优化矢量技术，以提高产品的控制精度与响应速度。同时研发工业以太网等网络技术、行业应用技术、大容量变频器与伺服产品等，将驱动技术与控制技术相结合。

（2）高性能电机设计与生产技术　加大力度研究开关磁阻电机、直线电机、无刷直流电机、永磁同步电机等的电磁仿真、水冷处理、工艺等技术，将驱动技术与电机技术相结合。

（3）将驱动技术、电机技术向新能源、轨道交通等行业渗透　密切跟踪电动汽车、储能、光伏、风电等领域的需求，加大对电动汽车、储能、光伏、风电等行业特有技术的研发，将驱动技术向新能源、轨道交通行业渗透。

2. 技术创新机制

（1）创新模式　我国变频器行业逐步从创立初期的消化吸收、中期的集成创新，发展到目前的原始创新。变频器行业的一线品牌企业将遵循以自主研发为主、联合研发为辅的原则，从研发项目的实际需求出发，与国内外专业机构及院所建立产学研合作体系，引进外部专家开展合作开发。

（2）研发方向　研发工作立足于工业自动化领域，坚持以下研发方向：优先选择已与变频器形成协同优势的产品领域，优先选择节能降耗、提高安全与稳定性、国家急需的重大关键技术，优先选择可替代进口、大幅降低用户购置成本的技术与产品。

（3）研发投入　企业力争保持研发持续高投入。

（4）研发体系　应建立基础与前沿研究、工程化研究、产业化研究三个层次研发体系，建立专业化分工的高效技术创新体系。

（5）创新管理　应建立调研、评估、立项、计划实施、经费预算、过程评审、验收鉴定、成果转化等一系列研发项目管理制度；建立创新激励体制，以绩效为基础，结合薪酬和职位晋升体系推动创新工作的开展；建立研发风险控制机制，充分控制研发项目风险及其对企业发展战略的影响；建立生产一代、储备一代、研发一代、规划一代的创新战略管理机制。

3. 技术创新规划

（1）加强研发人才的引进　应广泛吸纳专业技术人才和行业技术人才，包括电机控制研究专业技术人才、电磁兼容（EMC）专业技术人才、变频器应用领域的各类行业技术人才。专业技术人才负责变频器控制性能的研究，提升变频器的整体性能；行业技术人才负责行业专用变频器的研究开发，提升专用变频器的行业适应性和技术水平。

（2）加强研发设备的投入　应建设技术更先进的测试实验室，包括电磁兼容（EMC）测试实验室、环境实验测试实验室、性能测试实验室、可靠性测试实验室等。

（3）优化研发流程和研发激励机制　应采用科学的产品开发流程和研发项目管理流程，进一步提高研发效率，保障研发产品质量。进一步完善创新激励机制，鼓励员工积极创新。

（4）加强与外部机构的合作　应加强与高校、研究所等科研机构的技术合作，充分利用外部合作单位的技术优势和人才优势，保持对行业技术动态的密切跟踪，不断提升研究开发能力和产品综合技术水平。

4. 技术储备

（1）核心技术储备　持续加大核心技术储备能力的建设，在发明专利、软件著作权等方面积累成果。

（2）产品技术储备　应建立合理的产品技术储备体系，在平台产品、行业专用产品、定制化产品等方面建立合理的流程化管理制度，以达成企业快速适应市场、服务客户的经营目标。

（3）专业齐全、经验丰富、梯队健全的核心技术团队储备　企业应建立专业齐全、经验丰富、梯队健全的核心技术团队储备体系，不断扩充和拥有本行业技术领域中涉及的各方面专业技术人才。持续建设各产品研发领域的核心领军人才与骨干人才梯队，保证基本满足未来企业研发规划对人才的需求。

5.2　细分领域创新发展

5.2.1　关键器件的创新发展

1. 发展前景

电力电子器件决定着整个变频器行业的发展水平。当前，在科技强国的背景下，以 SiC、GaN 为代表的第三代宽禁带半导体材料凭借优异的特性备受关注。由于第三代半导体材料具有显著的性能优势和巨大的产业带动作用，欧、美、日等发达国家和地区都把碳化硅半导体技术列入国家和区域发展战略，投入巨资支持发展。以 SiC 等为代表的第三代半导体材料将被广泛应用于光电子器件、电力电子器件等领域，以其优异的半导体性能在各个现代工业领域发挥重要的革新作用，应用前景和市场潜力巨大。随着 SiC 生产成本的降低，SiC 半导体正在凭借优良的性能逐步取代 Si 半导体，打破 Si 基由于材料本身性能遇到的瓶颈。未来，由 SiC 半导体材料制作的功率器件将支撑起当今节能技术的发展需要，成为节能设备最核心的部件，半导体 SiC 功率器件也被誉为功率变流装置的“CPU”、绿色经济的“核芯”。

与在第一代、第二代半导体材料及集成电路产业方面多年落后、很难追赶国际先进水平的形势不同，我国在第三代半导体领域的研究一直紧跟世界前沿技术，工程技术水平和国际先进水平差距不大，已经发展到从跟踪到并驾齐驱，进而可能在部分领域领先并具有比较优势，并且有机会实现超越。

从近几年的政策发展来看，为加快推进第三代半导体材料行业的发展，在国家层面《重点新材料首批次应用示范指导目录（2019版）》《国务院关于印发进一步鼓励软件产业和集成电路产业发展若干政策的通知》等鼓励性、支持性政策先后印发。“十四五”规划中，计划2021—2025年期间，在教育、科研、开发、融资、应用等各个方面大力支持发展第三代半导体产业，以期实现产业独立自主。不仅如此，地方层面也在积极响应第三代半导体发展号召。2020年，我国各地方发布的第三代半导体相关政策就有数十条，覆盖了超十个省（含直辖市）。此外，国内主流企业积极布局，市场容量扩大，产业链合作水平不断提高。经过一段时间的高速发展，我国第三代半导体产业开始步入高速成长期，企业数量持续增加，产线也在扩大，供应链逐步成型，产业链自主可控能力增强。

总之，国家在战略层面加大支持力度，加之在节能减排和信息技术快速发展方面又有良好的产业基础和迫切的市场需求基础，我国将有望集中优势力量一举实现弯道超车，占位领跑。

2. 存在的问题

虽然前景看好，但我国开展SiC、GaN材料和器件方面的研究比较晚，与国外相比水平较低。而且我国在该领域的发展存在瓶颈，其中最大的瓶颈就是原材料，SiC原材料的质量、制备问题亟待破解。目前我国对SiC晶圆的制备尚空缺，大多数依靠从国外进口。阻碍国内第三代半导体研究发展的还有原始创新问题。国内新材料领域的科研院所和相关生产企业大都难以容忍长期“只投入，不产出”，以第三代半导体材料为代表的新材料原始创新举步维艰。

产业链下游的产出要以上游材料为基础，而事实上我国对基础材料问题的关注度不够，一旦投入与支持的力度不够，相关人才便很难被吸引，人才队伍建设的问题也将逐渐成为发展瓶颈。

当前我国发展第三代半导体面临的机遇非常好，在半导体照明的驱动下，GaN材料和器件成熟度都已经大大提高。但第三代半导体在电力电子器件、射频器件方面还有很长的路要走，市场和产业刚刚启动，将面临许许多多难题，必须共同努力。

1）需要打破体制障碍，统筹部署，集中投入，形成发展合力。第三代半导体材料及应用技术涉及材料、能源、交通、信息、自动化等领域，从材料研发到工程化应用需要投入巨大的研发资金，单个部门难以支撑。我国先后对一些单元技术进行部署，并取得重要进展，但由于若干体制障碍，缺乏对全产业链的整体考虑，因此投入相对分散，无法解决产业化过程中遇到的共性关键技术问题，难以支撑我国对第三代半导体科技整体国际先进水平的追赶，无法满足相关应用领域的市场需求。

2）企业创新主体的作用发挥不足，公共研发服务平台缺位。第三代半导体材料、器件和模块的制造需要尖端设备、高等级洁净环境和先进的测试及研发平台。目前国内从事第三代半导体研发的企业单体规模小，研发机构比较分散，创新速度慢，工程化技术是短板、成果转化难，公共平台缺位，使研发“死亡谷”现象严重，急需建立创新、开放、国际化的第三代半导体材料共性关键技术公共研发平台体制机制。

3）产业链未打通，产业体系未建立，整体创新环境待完善。第三代半导体材料及应用的多领域多学科交叉、融合特点明显，从基础研发到工程化应用的创新链很长，但目前应用端与核心材料、器件端分离，无法形成利益共同体，缺乏对全产业链的顶层设计、系统布局和一体化实施。现有标准、检测、认证等产业体系和环境建设方面的行业规则、办事程序和体制机制等与新材料产业发展规律和特点不相匹配，尚未解决材料“能用—可用—好用”发展过程中的问题和障碍。

3. 发展建议

在技术和企业规模上，我国企业与国际知名企业间存在较大差距。我国从未出现具有绝对优势的龙头企业，虽然一些企业经过几年的摸索沉淀，已经完成了技术、产品和市场的初期积累，在资本的加持下已形成一定规模的产能突破，但市场占有率较小。同时，国内企业规模也较小，不具有明显的企业优势。相比较之下，国际第三代半导体巨头企业有非常明显的技术优势，已经建立起一定的行业壁垒，国内企业与他们的差距较大，市场空间被挤压。

1）科学认识，提升产业认识。芯谋研究产业调研中发现，部分相关人士对第三代半导体产业认识不足，盲目认为第三代半导体是第一代和第二代的升级。在发展半导体产业和进行投资时，应科学认识技术本身和产业现状，谨慎做好科学规划。

2）加强协作，补足技术短板。需要通过全产业链的协作补齐短板，针对产业链薄弱环节，对关键技术部分进行核心攻关，强化能力。同时利用市场规模优势，开展上下游协作。有了市场基础后，反馈于技术研发，不断形成良性循环。

3）注重审核，避免盲目投资。国内第三代半导体产业虽然还处于发展初期，但政策不断推出，资本市场不断涌入，第三代半导体整体融资数额不断增加。在市场、资本、政策利好的前提下，需要加强监管审核，充分了解产业情况，为满足市场需求而有序扩产，避免资源浪费。

4）推进应用，完善标准建设。上下游协同合作，下游重点推进第三代半导体器件在新能源汽车、数据中心、5G 等领域的应用，此外还要做强第三代半导体设计、芯片工艺、封装测试和应用验证平台，完善标准，建立保护机制，支持产业健康发展。

5）培养人才，促进产学研合作。人才是产业的基石，在建设第三代半导体产业时，需要促进产业和高校的合作，加强产学研配合，引进高层次人才，积极培养人才。

若要实现行业整体发展，获取比较优势，还需要：

1）建立跨部门协调机制，统筹规划，形成合力。在国家层面形成跨部门协同、跨区域组织的协调机制和多部门联合的配套性政策，不仅在各项科研计划、整体目标决策上做到顶层设计、统筹部署，而且在打通创新链各环节上出台政策措施，确保在技术应用、成果转化、示范推广、标准检测认证等市场培育过程中形成持续、配套的政策合力。特别是在颠覆性技术，跨界融合的产品开发，培育新应用、新商业模式等方面，更需要加大体制机制改革。鼓励社会资本投入研发及产业化，通过新型模式鼓励社会资本参与设立第三代半导体科技产业基金，实现国家投入放大增效。

2）支持开放的研发与服务平台建设，构建产业创新新体系。发展贯穿材料研发、生产、应用全链条的平台经营模式，以目标与问题为导向，构建公共研发创新平台和科技服务平台，补齐研发成果转化的短板，强化工程化阶段的公共服务。以需求引导，借助市场化手段，形成开放、可持续的协同创新局面，如以增量激活存量，统筹充分利用现有机构的人才优势、研发优势和设备等硬件条件，重点解决技术集成化和工程化应用中的薄弱环节和关键问题。促进创新成果快速实现产业化，在建设研发创新平台的同时还要加大科技服务平台建设，形成研发与服务“双螺旋”驱动。打破部门垄断和行业壁垒，全方位加强标准、检测和认证体系建设，有序开放检验检测认证市场，打破部门垄断和行业壁垒，鼓励不同所有制检验检测认证机构平等参与市场竞争。

3）以人为本，构建创新人才引进和团队培养体系。率先突破科技环境建设障碍，支持科技服务实体享受高新企业待遇，建立健全科学合理的选人、用人、育人机制，加快培养专业技术人才、经营管理人才、技能人才。鼓励海外专家在研发和产业优势区域创新创业，加强海外人才及创新团队的引进工作；落实混合所有制机构在人才引进、落户等方面的政策；支持科技服务实体享受高新技术企业待遇。落实深化科技成果使用处置和收益管理改革试点，鼓励高等学校、科研院所、国有企业提高职务发明成果所得收益用于奖励研发及成果转化人员的比例。

4）加强国际与区域交流合作，吸引集聚全球科技资源，开展更深层次、多形式的科技合作。广泛参与高层次国际科技合作，在更高起点上推进自主创新；搭建国际化的技术创新平台、科技服务平台，主动参与国际标准制定，提高国际标准话语权；积极参与和推动国际科技和产业合作，在有明确目标导向的重大应用方面，以应用促发展，引进核心器件等技术进行再创新，与自主创新同步发展。推进技术研发、标准检测、应用示范、产业化等方面的实质性合作。

5.2.2 变频控制技术的创新

1. 拓扑结构

电力半导体器件是现代电力电子设备的核心，它们以开关阵列的形式应用于电力变流器中，实现交—直整流变换、直—交逆变或交—交变换。这种开关模式的电力电子变换具有较高的效率，但都具有导通和开关损耗，不是理想的开关，因此仍需要对性能做进一步优化。当前所应用的电力半导体器件几乎全部是建立在半导体材料基础上的，虽然已研制出用于高压的电力半导体器件，但是耐压等级上与期望仍存在差距，且耐压等级越高制造技术越复杂，相应成本也越高，因此必须在电力电子变换领域，特别是 3 ～ 10kV 的调速或需要能量变换的场合，寻求新的变换器拓扑结构及其相关技术。多电平变换器目前研究得非常多，也比较成熟，是可解决上述诸多难题的有效方法之一。

级联型高压变频器是一种很易于工程化的多电平变频器。除具有多电平变频器的特点外，级联型高压变频器还具有功率单元化结构，适合大规模生产，对于产品市场化具有较大的意义。1997 年，天津电传所开始着手 1 000kV · A/6kV 三电平级联型高压变频器的研究，1998 年北京利德华福与清华大学合作开发罗宾康模式的级联型高压变频器，这样的研究都是基于原罗宾康公司的功率单元级联的电路拓扑结构。这种拓扑结构通过采用变压器移相，输出每相由多个功率单元串联起来得到较高电压。之后国内部分公司推出了自己的级联型高压变频器产品，均采取 H 桥功率单元级联的方式作为系统主电路拓扑形式。H 桥单元级联型高压变频器在国内外的高压变频调速领域已得到一定的应用，也引起业内越来越多学者和企业的重视。国家对此也予以鼓励与引导，在政策、资金、应用条件上给予一定的支持。现阶段我国的大功率高压电机在实际应用中仍然采用闸门、液力偶合器等方式进行调速，对于高压变频调速设备的需求很大，因此对级联型高压变频器做进一步的研究，具有重要的理论及实际意义。

由于技术开发与起步均比较晚，目前开发的级联型高压变频器的品种和性能仍然处于快速成熟阶段，但产品功率等级比较低，8MW 以上的产品很少，控制方式主要是 V/F 控制，产品的技术水平与外资品牌产品相比还有一定差距。在国内，与级联型高压变频器相配套的辅助产业也不发达，主要器件仍然需要进口，这在某种程度上制约了国内企业的发展。高压变频器目前的技术标准与规范仍需要进一步规范和与国际接轨，国内的级联型高压变频器企业需要走的路还很长，但是国内企业的产品已逐步开始推广，有的公司的产品做到了 20MW。

级联型多电平变频器将朝着以下几个方向发展：

1)数字式系统。由微处理器控制每个开关管的导通和截止以输出正弦调制波，因此输出频率和电压相当准确、稳定。

2）高压变频器将向直接用中压器件和多重叠加（器件串联和级联）两个方向发展。

3）控制方式多样。既有就地控制又有远端控制；既有通信接口又有模拟量、数字量接口，通信采用光纤通信和信号传输技术；更高电压、更大电流的新型电力半导体器件将应用在中压变频器中，采用最新的导通压降低和开关损耗小的器件，提高系统效率，改善通风冷却条件。

4）无速度传感器的矢量控制、磁通控制和直接转矩控制等技术的应用将趋于成熟，诊断和故障定位技术将应用于产品。

5）相关配套行业正朝着专业化、规模化发展。未来市场对于高压变流调速装置的需求会进一步增大，对于级联型高压变频器的研究将更加深入，行业前景将更好。

2. 矢量控制

伴随着电力半导体器件和微电子、计算机技术的突飞猛进发展，交流电机调速控制理论也有较大发展。最开始的转差 - 频率控制基于异步电机的稳态数学模型，动态性能差，调速不理想。20 世纪 70 年代初出现的矢量控制（又称转子磁场定向控制）理论，基于直流调速系统的控制思想对异步电机进行矢量解耦，实现了磁链、转矩的独立调节，动态响应性能好，但同时也带来了新的问题，即转子参数及变化规律难以测定。20 世纪 80 年代中期出现的直接转矩控制理论，基于定子磁场，数学模型简单，定子参数及变化规律易于测定，动态响应性能好，但谐波不受控制。20 世纪 90 年代智能控制如模糊控制、人工神经网络，以及非线性控制理论的发展，给电机调速注入了新的活力，目前这方面的研究很活跃。

随着电力电子技术、计算机技术及自动控制技术的不断发展和电力电子器件的更新换代，交流变频调速技术已由最初的变压变频控制的变频调速发展到了高性能的矢量控制变频调速，使得交流电机的调速性能达到甚至超过了直流电机。

矢量控制的理论根据是电机统一理论。实质上就是通过数学变换把三相交流电机的定子电流分解成两个分量——用来产生旋转磁动势的励磁分量和用来产生电磁转矩的转矩分量，然后像控制直流电机那样在同步旋转坐标系上设计和进行磁场与转矩的独立控制，再由变换方程把这些控制结果转换为随时间变化的瞬时变量，达到控制电机转速和转矩的目的。随着计算机技术的发展，矢量控制计算量大而复杂的缺点被克服，成为目前所有调速系统中性能最优越的一种，不但控制连续、平滑，而且调速范围很宽。

矢量控制技术作为一种高性能的变频调速技术，虽已在交流调速领域得到广泛应用，但其理论与应用仍不完善。其主要问题是：

1）在高性能矢量控制系统中需采用速度闭环控制，常规的速度检测多采用速度传感器，然而速度传感器在安装、维护、成本等方面影响了异步电机调速系统的简便性和时变特性。

2）矢量控制技术严重依赖电机参数，而电机参数受环境、温度等影响运行时呈时变特性，因此系统的动态性能仍不尽如人意。

3）虽然已有许多无传感器矢量控制方案，但由于现有的转子速度辨识方法的精度和范围都受到限制，在一些高精度交流电机运动控制（位置伺服）中仍需采用价格昂贵的位置和速度传感器。

在高性能的异步电机控制系统中，转速的闭环控制环节一般是必不可少的。普通情况下，采用光电码盘等速度传感器进行转速检测，并反馈转速信息。但是，速度传感器的安装增加了系统成本；使电机轴向体积增大，给电机的维护带来一定困难，同时破坏了异步电机简单坚固的特性，降低了系统的机械鲁棒性；存在同心轴问题，码盘安装不当将影响测速精度；增加了系统的复杂性，降低了系统的可靠性。这些问题影响了异步电机调速系统的简便性、廉价性及系统的可靠性，另外有些场合也不允许外装任何传感器。而异步电机无速度传感器矢量控制的研制可以避免上述缺陷，获得接近闭环控制的性能，同时省去了速度传感器，具有较低的维护成本，使控制系统的成本更加低廉，可靠性更高。

矢量控制技术提出以后，各国学者又致力于异步电机无速度传感器矢量控制系统的研究。无速度传感器矢量控制系统是利用检测定子电压、电流等易于测量的物理量进行电机速度的估算以取代速度传感器，不需要检测硬件，也避免了传感器带来的环境适应性、安装维护等问题，提高了系统的可靠性，降低了成本，因而引起了各国学者的关注，成为现代交流调速控制领域最受重视的研究领域之一。无速度传感器控制的关键在于如何在线获取速度信息，在保证较高控制精度的同时满足实时控制要求。

无传感器矢量控制系统性能的好坏取决于速度辨识的精度和转速辨识的范围。国外从 20 世纪 70 年代开始这方面的研究，基本的出发点是利用直接计算、观测器、模型自适应等手段，从定子侧较易测量的量（如定子电压、定子电流）中提取与转速有关的量，从而得出转子速度。目前采用的主要方法有 PI 自适应法、模型参考自适应法、基于人工神经网络的转速辨识等，但都不能使速度和电机参数完全解耦，这就意味着电机参数的变化将严重影响速度估计的精度和矢量控制系统的鲁棒性和动、静态特性。因此，参数在线辨识的重要性也日益突出。目前研究得较多有：

1）基于模型参考自适应的参数辨识理论等提出设计一种新型的模型参考自适应磁通观测器，将通过电机静止坐标系下的数学模型计算所得的电流和实测的电机电流进行比较，得到电流误差值，然后根据电流误差值，利用超稳定方程实现定子电阻在低速时的在线辨识。

2）基于人工神经网络的参数辨识理论提出了一种基于神经网络的自适应转子电阻估计方法。根据静止坐标系下的转子磁链的电压和电流模型（神经网络模型）的输出误差，经过反向传播算法，修改神经网络模型的参数，从而估计出转子电阻的大小。采用这种方法的系统可被看成是一个变化的模型参考自适应系统。

此外，基于模糊逻辑控制系统的定子电阻在线辨识和基于扩展卡尔曼滤波器的转子时间常数估计方法，也都获得了良好的效果。

综上所述，无速度传感器矢量控制无疑是今后的发展方向，矢量控制需要解决的关键问题是参数估计和磁链观测。不论是采用上述方法，还是利用其他估计方法，对变量估计或观测的准确性是至关重要的。如今随着各种新的控制理论的提出，以及具有高速处理能力的微处理器的研制成功，速度的计算不再是限制控制算法的瓶颈，人们可以把最新的控制算法用于电机控制，不断提高矢量控制系统的各种性能。

5.2.3 相关创新需求驱动的发展

新中国成立特别是改革开放以来，我国建立起独立的比较完整的工业体系，有力地支撑着我国经济社会的发展和综合国力的提升。但与发达国家相比，特别是我国变频调速设备行业仍然存在着创新能力不足、产业结构水平低、资源消耗大、质量效益低等问题。当前，行业面临着由信息技术和智能技术飞速发展带来的产业变革压力，面临着我国经济进入新常态而带来的产业转型升级压力，面临着发达国家再工业化带来的产业竞争压力。

要实现中国梦的关键是创新。创新驱动战略关系着中华民族的前途命运，我国经济发展要突破瓶颈、解决深层次的矛盾和问题，根本出路在于创新。《中国制造 2025》中，也把“提高国家制造业创新能力”作为首要战略任务和重点。可以说，创新驱动已成为共识，但是在众多关于创新问题的探讨中，大部分集中于技术创新、产品创新，对管理方面创新的探讨大部分集中于质量管理与监管，而对制造业企业在竞争战略、市场战略方面的探讨较少，重视程度不够。在传统制造业向智能制造转变的过程中，传统的竞争和市场战略思维同样需要与时俱进，以适应新的经济逻辑。

1. 智能制造创新需求

转型后的变频调速设备生产，一般要具备传统产品生产和信息智能化生产的双重特征。目前的转型表现为信息技术与传统制造手段的深度融合，利用工业互联网将各环节连接在一起，实现全价值链端到端数据的全面连通。《中国制造 2025》中指出，加快推动新一代信息技术与制造技术融合发展，把智能制造作为两化深度融合的主攻方向；促进工业互联网、云计算、大数据在企业研发设计、生产制造、经营管理、销售服务等全流程和全产业链的综合集成应用。促进集团管控、设计与制造、产供销一体、业务和财务衔接等关键环节集成。可以看到，智能制造过程包含了实物产品的生产和叠加于这一实物产品的信息产品的生产。其中，信息产品包括这一产品的需求数据、产品设计数据、制造流程数据、经济价值数据等。在传统制造业中，这些数据是稀疏的、孤立的、静止的，价值极为有限。而在智能制造过程中，这些信息和数据是密集的、互联的、动态的，能产生正外部性。

先进制造业的第二个特点体现在其最终产品上，产品的智能化是先进制造业的突出特征。《中国制造 2025》中指出，加快发展智能制造装备和产品。统筹布局和推动智能交通工具、智能工程机械、服务机器人、智能家电、智能照明电器、可穿戴设备等产品研发和产业化。智能产品具有实物产品和信息产品的双重属性，而智能产品的价值也是实物价值与信息价值的叠加。实物价值体现在产品的物理功能上，而信息价值体现在数据的抓取、互联，以及利用信息优化其物理功能上。

2. 管理思维创新

网络经济的兴起使先进制造业需要在管理思维上进行创新。智能制造业的生产过程和最终产品叠加了信息产品的特征，具有双重属性和双重价值。网络经济条件下的产品，在成本结构、生产方式、市场策略、标准产生过程等方面均与一般产品有所不同。可以说，传统制造业向智能制造转型的过程，也是生产实物的传统企业向同时生产实物与信息产品的网络型企业转型的过程。未来的制造业企业需要充分认识智能制造过程与智能产品的双重属性与双重价值，以及由此带来的与传统经济不同的网络经济特性。而传统的工业企业管理学是针对生产传统实物产品而产生的，市场战略、竞争战略均需要在这个转型过程中不断实现创新和发展。

新的市场环境需要企业在管理思维上进行创新，使市场在资源配置中起决定性作用。在制造业转型升级过程中，传统制造企业将越来越直接面对市场和消费者，其生产过程也与市场和消费者结合得越来越紧密。未来的制造业企业，面对的是互联网时代成长起来的“互联网原住民”消费者，面对的是更高水平的竞争。高度个性化的生产向传统的制造业企业管理思维提出了挑战。

首先要在观念上重视管理创新，充分意识到发达的制造业不仅在于技术的领先，也在于商业思维、管理模式、市场艺术方面的领先。而这些方面的领先，不仅能进一步强化我国制造业的硬实力，更能随着我国制造业的发展增强我国的文化软实力。

其次要营造充分公平竞争的市场环境。《中国制造 2025》中指出，全面深化改革，充分发挥市场在资源配置中的决定性作用，强化企业主体地位，激发企业活力和创造力。充分公平的市场竞争环境是打造强大企业的根本方法，也只有在这样的环境中，才能产生创新的管理思维。

我国发展到今天，进一步深化改革没有先例可循，制造业发展同样如此。只有社会对创新有所包容，才会培育不断创新的文化土壤，作为文化一部分的管理思维才能获得源源不断的创新动力。

5.3 需求驱动

以“创新”为灵魂探讨变频器行业的创新驱动模式，秉持创新、诚信、合作、共赢的理念，挖掘专家学者、企业巨擘、工程设计、典型用户、行业组织、三方平台等创新生态圈的各个节点，打造健康良性的链条，为产业升级转型献计献策。

变频器下游行业涉及工业领域的众多行业，在宏观经济持续稳定快速增长的背景下，下游行业投资规模的增长会带动变频器产品需求量的提高，而这些行业出于降低能耗、提高工艺水平的内在需求，将不断加大设备配套、节能改造和工艺技术改造的投入，进而带动变频器市场需求的增长。尤其要重点关注六大领域——风电、光伏、电动汽车、高效电机、海洋工业以及军工的新需求，促进变频器产业的创新发展。

上游的电子元器件、电力电子器件尤其是IGBT的技术进步、成本降低、效率提高可促进工业自动化控制系统行业的技术进步，推动变频器行业提高产品质量、减小设备体积、提高产品性能、降低生产成本。我国现代化装备制造业的发展使得自动化控制技术得到越来越广泛的应用，而电动汽车、储能、光伏、风电、轨道交通等新兴行业的快速发展，也将增加工业自动化控制系统设备的需求。

5.3.1 差异化竞争策略

利用差异化竞争策略，为客户提供个性化产品，以满足客户自身产品差异化竞争的需要，这是国际品牌在高端细分行业的优势所在。随着产业技术不断升级，客户对个性化产品的要求越来越多。本土企业利用差异化竞争策略，为客户定制个性化产品，快速响应国内客户的个性化需求，满足客户个性化的需要，这是企业实现快速发展的核心竞争力。

要发挥本土化服务的优势，快速满足客户需求。本土企业具有本土化的服务优势，这种服务优势不仅表现在快速满足客户售后服务要求上，更重要的体现在及时交付货物、快速响应客户的售前技术交流方面。企业要强化服务优势，利用服务树立良好的品牌形象。

5.3.2 深耕细作策略

采取深耕细作策略，发挥组合产品销售优势，进一步扩大市场份额。对于国产品牌企业已有的优势行业，应继续深挖这些行业的客户资源，利用品牌、产品、规模优势，进一步扩大企业在这些行业的市场份额。同时，利用组合产品销售优势，为客户提供产品整体解决方案。一方面可以巩固已有的市场，另一方面利用伺服、

PLC、运动控制系统等产品拓展新客户，从而带动变频器产品市场份额的提升。

5.3.3 技术与行业营销策略

企业应利用技术营销、行业营销的策略，快速满足客户需求。在技术上，利用“平台技术＋应用技术”相结合的优势，抢占技术制高点。同时，对于新行业，采取行业拓展策略，做好由点到线、由线到面的拓展工作，尤其是加大对行业重点客户的强力拓展。

5.3.4 加强品牌宣传

在中高端领域，目前国内产品的品牌形象与国际品牌相比还存在一定差距，加强品牌宣传、提升企业品牌形象是市场拓展计划中的一项长期的策略。运用增加重点用户专场交流会、区域交流会、行业交流会、专业展览会的数量，拓宽平面杂志及数字媒体广告宣传，强化行业样板点建设，加强与设计院合作等手段，不断提升国产品牌企业的品牌形象。

参考文献

[1] 丘东梅，何旭智，韦高敏．高压变频器特性及其应用 [J]. 电气技术与经济，2021（1）：46-47.

[2] 冲刺碳中和 变频器行业迎新一轮契机 [J]. 变频器世界，2021（1）：24.

[3] 张德田，夏志华，李玉金．通用变频器应用研究 [J]. 科技信息，2012（3）：208.

[4] 徐甫荣．中高压变频器的分类和比较 [J]. 电源技术应用，2004，7（10）：622-623.

[5] 张宁 .20 辊可逆冷轧机主传动系统的研究 [J]. 电气传动，2012，42（12）：15.

[6] 乌云翔，赵宗恕，朱春毅，等．“疫情”当下，产学研协同正当时：聚焦 2020 年国内变频器产业发展新态势 [J]. 变频器世界，2020（1）：24-28.

[7] 乔为民，沈璐，川野清，等．变频器上下游企业如何“因势而动”[J]. 变频器世界，2020（1）:33.

[8] SCHONUNG A，STEMMLER H. Static frequency changers with subharmonic control in conjunction with reversible variable speed ac drives[J].Brown poweri review，1964，51（8/9）：555-577.

[9] KAZMIERKOWSKI M P，FRANQUELO G L，RODRIGUEZ J，et al.High-performance motor drives[J].IEEE Industrial electronics magazine，2011，5（3）:6-26.

[10] HOLMES D G， LIPO T A. Pulse width modulation for power converters: principles and practice [M].New York: John Wiley & Sons Inc，2003.

[11] HOULDSWORTH J A， GRANT D A. The use of harmonic distortion to increase the output voltage of a three-phase PWM inverter[J].IEEE transactions on industry applications，1984，20（5）：1224-1228.

[12] 周明磊，游小杰，王琛琛，等．电流谐波最小 PWM 开关角的计算及谐波特性分析 [J]. 中国电机工程学报，2014（15）：2362-2370.

[13] 李永东，徐杰彦，杨涵棣，等．多电平变换器拓扑结构综述及展望 [J]. 电机与控制学报，2020（9）：1-12.

[14] 王泽．适用于高性能大功率传动场合的新型多电平变换器研究[D]. 武汉：华中科技大学，2019.

[15] MEYNARDTA A, FOCH H. Multi-level conversion: high voltage choppers and voltage-source inverters[C]//23rd Annual IEEE Power electronics specialists conference. IEEE Xplore, 1992: 397 — 403.

[16] MARCHESONI M, MAZZUCCHELLI M, TENCONI S. A non conventional power converter for plasma stabilization[J].IEEE Transactions on power electronic, 1988, 5(2): 122-129.

[17] BUSSE A, HOLTZ J. Multiloop control of a unity power factor fast-switching AC to DC converter[C].IEEE Power Electronics Specialists Conference, 1982: 171-179.

[18] PFAFF G, WESCHTA A, WICK A F.Design and experimental results of abrushless AC servo drive[J].IEEE Transactions on industry applications, 1984, 20(4): 692-697.

[19] MARTINEZ C, LAZARO A, QUESADA I, et al.THD minimization for railway applications through harmonic spectrum optimization[C]//2012 Twenty-seventh annual IEEE Applied Power Electronics Conference and Exposition (APEC).New York: IEEE, 2012.

[20] LESNICAR A, MARQUARDT R.An innovative modular multilevel converter topology suitable for a wide power range[C]//2003 IEEE Bologna Power Tech Conference Proceedings.New York:IEEE, 2003: 6.

[21] 颜学龙，谢刚，孙天夫，等．基于模型预测控制的永磁同步电机电流控制技术综述[J]. 电机与控制应用，2019，46(9)：1-11.

[22] 朱芮，吴迪，陈继峰，等．电机系统模型预测控制研究综述[J]. 电机与控制应用，2019，46(08):1-10，30.

[23] 常勇，包广清，杨梅，等．模型预测控制在永磁同步电机系统中的应用发展综述[J]. 电机与控制应用，2019，46(8):11-17.

[24] 张永昌，张虎，李正熙．异步电机无速度传感器高性能控制技术[M]. 北京：机械工业出版社，2015.

[25] 周华伟，温旭辉，赵峰，等．基于内模的永磁同步电机滑模电流解耦控制[J]. 中国电机工程学报，2012，32(15)：91-99.

[26] 李永东 . 交流电机数字控制系统 [M]. 北京：机械工业出版社，2012.
[27] 邓歆 . 异步电机全阶磁链观测器的设计分析及其应用研究 [D]. 武汉：华中科技大学，2010.
[28] HOLTZ J.Sensorless control of induction machines: with or without signal injection[J].IEEE Transactions on industrial electronics, 2006, 53(1): 7-30.
[29] 孙伟 . 感应电机无速度传感器矢量控制低速运行技术研究 [D]. 哈尔滨：哈尔滨工业大学，2016.
[30] 张延庆 . 提升感应电机控制系统鲁棒性能的转速辨识方法研究 [D]. 西安：西安理工大学，2019.
[31] 陈中，胡国文 . 转差频率控制的转速闭环调速系统的改进方法 [J]. 合肥工业大学学报（自然科学版），2012，35（5）：609-612.
[32] 龙如意 . 高精度直线电机模型辨识及控制研究 [D]. 哈尔滨: 哈尔滨工业大学，2015.
[33] 张虎 . 无速度传感器矢量控制和参数辨识技术研究 [D]. 北京: 北京科技大学，2011.
[34] 张鹏 . 永磁同步电机参数辨识算法研究 [D]. 北京：北京交通大学，2019.
[35] 孔庆乐 . 基于参数辨识的永磁同步电机矢量控制方法研究 [D]. 成都：电子科技大学，2019.
[36] 吕刚，杨琛 . 直线感应电机离线参数辨识及关键辨识参量研究 [J]. 电机与控制学报，2020（2）：55-62.
[37] 刘利 . 永磁同步电机离线参数辨识及参数自整定 [D]. 秦皇岛：燕山大学，2019.
[38] 李婷婷 . 异步电机离线参数辨识技术研究 [D]. 杭州：浙江大学，2016.
[39] Wang G L, Valla M I, Solsona J A.Position Sensorless Permanent Magnet Synchronous Machine Drives:A Review[J].IEEE Transactions on Industrial Electronics, 2020,67(7):5830-5842.
[40] 李永东，朱昊 . 永磁同步电机无速度传感器控制综述 [J]. 电气传动，2009(9): 3-10.
[41] 梁艳，李永东 . 无传感器永磁同步电机矢量控制系统概述 [J]. 电气传动，2003，33（4）：4-9.
[42] WANG G L, ZHANG G Q, XU D G.Position sensorless control techniques for permanent magnet synchronous machine drives[M].Berlin:Springer, 2020.

[43] 廖军,张兴,杨淑英,等.改进高频信号注入法的IPMSM转子位置检测研究[J].合肥工业大学学报(自然科学版),2010(8):1161-1165.
[44] 王丽梅,郭庆鼎.基于转子凸极跟踪的永磁同步电机转子位置的自检测方法[J].电工技术学报,2001(2):14-17.
[45] 秦峰,贺益康,贾洪平.基于转子位置自检测复合方法的永磁同步电机无传感器运行研究[J].中国电机工程学报,2007(3):12-17.
[46] RACA D, GARCIA P, REIGOSA D D, et al.Carrier-signal selection for sensorless control of pm synchronous machines at zero and very low speeds[J]. IEEE Transactions on industry applications, 2010, 46(1):167-178.
[47] KIM S, HA J, SUL S.PWM switching frequency signal injection sensorless method in IPMSM[J].IEEE Transactions on industry applications, 2012, 48(5):1576-1587.
[48] 张永昌."交流电机模型预测控制"专题特约主编寄语[J].电工技术学报,2021,36(1):1.
[49] 韩玉国.浅谈变频技术在冶金工业的应用优势与前景[J].装备维修技术,2020(4):288.
[50] 赵国强.变频器在冶金矿山节能方面的应用[J].决策探索(中),2017(9):7-8.
[51] 李海洋,赵国伟.2020年石油和化学工业经济运行报告[N].中国化工报,2021-03-09.
[52] 中国石油和化学工业联合会.化工行业深度报告:需求复苏和补库共振,化工行业景气可期[EB/OL].(2021-01-07).http://www.cpcif.org.cn/detail/3779d8c0-a832-46bf-bbd1-839a1d98e885.
[53] 中国石油和化学工业联合会."十四五"化工产业将进入低碳转型关键期[EB/OL].(2021-01-07).http://www.cpcif.org.cn/detail/91925d6f-3de9-4782-bf9e-7aa4a2811b41.
[54] 李志勇,马志强.浅谈国内起重机械发展现状[J].起重运输机械,2020(17):35.
[55] 宋希文.我国起重机械产业发展状况及标准化现状分析[J].科技风,2018(3):138.
[56] 肖钦鑫.解析变频器和PLC在大型起重机控制中的应用[J].中国设备工程,2020(9):200.

[57] 林海文 . 解析变频器和 PLC 在大型起重机控制中的应用 [J]. 中国设备工程，2020（10）:98.
[58] 中国工程机械工业协会，中国机械工业年鉴编辑委员会 . 中国工程机械工业年鉴 2020[M]. 北京：机械工业出版社，2021.
[59] 李毅 . 巴塞罗那归来看差距，未来可期：我国纺织机械与附件的现状与发展 [J]. 纺织器材，2020（1）:3.
[60] 中国纺织机械协会 . 中国纺织机械协会第八届理事会第三次全体会议暨八届四次常务理事会在武汉市顺利召开 [EB/OL].(2021-04-14).https：//mp.weixin.qq.com/s/1EBXGLMeY_YewPLqfg3Qrw.
[61] 徐盼盼，墨影 .2020 年度全国纺织机械行业生产经营工作座谈会顺利召开 [EB/OL].(2019-12-11).https：//mp.weixin.qq.com/s/9E2swGY31Epo_VSmXHRBVg.
[62] 德佳咨询 . 从 ITMA 联合展看纺织机械市场趋势 [J]. 变频器世界，2021（6）：34.
[63] 中国纺织工业联合会 . 纺织行业“十四五”发展纲要 [EB/OL].(2021-06-18).http：//news.ctei.cn/bwzq/202106/t20210618_4152444.htm.
[64] 刘东强 . 浅谈变频技术在纺织机械中的应用 [J]. 中国新技术新产品， 2019（6）:97.
[65] 中国机械工业年鉴编辑委员会 . 中国机械工业年鉴 [M]. 北京：机械工业出版社 ,2020.
[66] 前瞻经济学人 . 行业深度！十张图了解 2021 年中国数控机床行业市场现状和发展趋势 [EB/OL].(2020-07-14).https：//baijiahao.baidu.com/s?id=1705047331725782979& wfr=spider&for=pc.
[67] 朱全印，韩来吉，付云强，等 . 数控机床主轴变频调速控制系统原理及应用 [J]. 煤矿机械，2009，30（9）:194.
[68] 中国电梯协会 . 中国电梯协会八届六次理事会会议工作报告 [EB/OL].（2020-09-01）.http：//www.elevator.org.cn/index.php/con/867.
[69] WU YN. 北京住宅设计规范发布 2020 中国电梯行业竞争现状及前景分析 [EB/OL].(2020-09-01).https：//www.chinairn.com/hyzx/20200706/150845920.shtml.
[70] 中电联理事会工作部 . 电力行业“十四五”发展规划研究 [EB/OL].[2021-07-01].https：//www.cec.org.cn/detail/index.html?3-297199.
[71] 中电联行业发展与环境资源部 . 中电联发布《中国电力行业年度发展报告 2021》[EB/OL].(2021-07-08).https：//cec.org.cn/detail/index.html?3-298413.

[72] 前瞻经济学人.2020年中国电力行业市场现状与发展前景分析 产业升级带动行业发展[EB/OL].（2020-07-14）.https：//baijiahao.baidu.com/s?id=1672163275132170913&wfr=spider&for=pc.

[73] 赵亮.变频器行业服务化模式及选择[D/OL].山东：中国海洋大学，2012.https：//kns.cnki.net/kcms/detail/detail.aspx?dbcode=CMFD&dbname=CMFD201301&filename=1012505572.nh&uniplatform=NZKPT&v=5rLUv93IVMB35IXEOpqfMrfN%25mmd2BEp4fQXfX%25mmd2BKkPmYS%25mmd2BmdhvmU2JmdDmeUqVMMWGQFF.

[74] 前瞻产业研究院.2020年中国变频器行业细分市场现状及发展前景分析[EB/OL].(2021-04-14).https：//xw.qianzhan.com/report/detail/300/210414-ffc9c488.html.

[75] 赛迪顾问.十四五期间我国节能环保产业发展趋势特征分析[EB/OL].(2021-02-19).https：//huanbao.bjx.com.cn/news/20210219/1136712.shtml.

[76] 全国能源信息平台.工信部2020年工业节能与综合利用工作要点[EB/OL].(2020-03-25).https：//baijiahao.baidu.com/s?id=1662103041220640802&wfr=spider&for=pc.

[77] 31个省2021年及"十四五"能源发展计划[EB/OL].(2021-03-07).https：//www.sohu.com/a/454706555_314909.

[78] 董瑞勇.变频器未来趋势：基于场景、重新定位、聚势创新、智造优品[J].自动化博览.2021，38（6）:8-10.

[79] "十四五"将至，变频器厂商如何乘势而为?[J].变频器世界，2020（10）：6-7.

[80] 国家大基金的投资路线图[EB/OL].（2020-07-26）.https：//zhuanlan.zhihu.com/p/163862095.

[81] 谢文倩，刘双.超2 000亿元，巨无霸大基金出炉：背后LP曝光，开始芯片大扫货[EB/OL].(2019-10-30).https：//www.huxiu.com/article/323882.html.

[82] 中国产业发展研究网.2018年中国半导体行业发展现状及发展前景分析[EB/OL].(2018-08-21).http：//www.chinaidr.com/tradenews/2018-08/121892.html.

[83] 央广网.习近平治国理政"100句话"之：惟改革者进 惟创新者强 惟改革创新者胜[EB/oL].（2016-03-08）[2021-07-01].http.//finace.cnr.cn/gundong/20160308/t20160308_521560410.shtmL.